JN441115

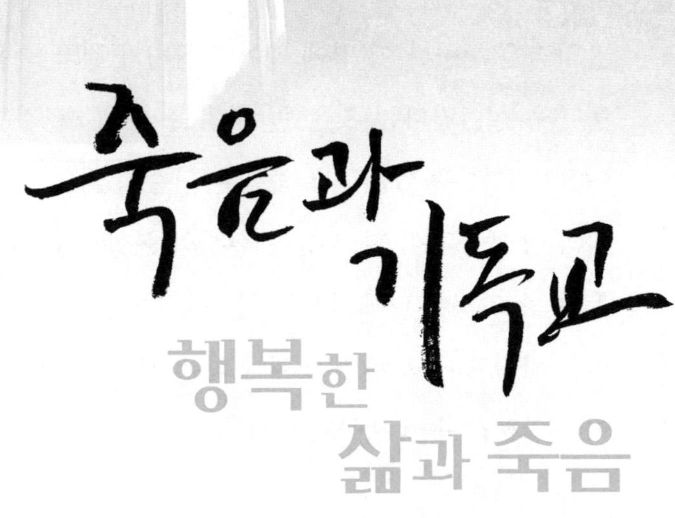

죽음과 기독교

행복한 삶과 죽음

믿음의 다음 세대를 향한
고등학교 교목의 죽음에 대한 메시지

| **김호진** 지음 |

쿰란출판사

머리말

사람은 누구나 이 땅에 태어나 살다가 결국 죽음을 맞이하게 됩니다. 살아간다는 것은 곧 죽음을 향해 한 걸음씩 걸어가는 여정이라 할 수 있습니다. 죽음은 단순히 삶의 마지막이 아니라, 삶의 중심에 깊이 자리 잡은 실존의 현실입니다. 그럼에도 우리는 종종 그것이 나에게만은 일어나지 않을 일처럼 여깁니다. 수많은 사건과 사고, 질병과 재난 앞에서도 마치 나만은 예외일 것이라는 생각 속에 머물기도 합니다.

그래서 우리는 죽음을 나와는 관계없는 일처럼 여기고, 비현실적인 이야기로 밀어두거나 먼 미래의 일로만 생각하며 회피하려 합니다. 그러나 죽음은 예외 없이 누구에게나 찾아옵니다.

현대 의학의 발전으로 인간의 수명은 많이 연장되었지만, 아무리 과학이 발달해도 죽음에서 완전히 자유로울 수는 없습니다. 누군가 말했듯 죽은 자는 머물 수 없고, 살아 있는 자는 넘을 수 없는 이별의 강 앞에 서야 합니다. 그리고 그 이별의 아픔과 슬픔은 언제나 남겨진 이들의 몫이 됩니다.

그러나 죽음을 두려움으로만 받아들일 필요는 없습니다. 오히려 죽음은 삶의 의미와 목적을 되새기게 하는 거울이 됩니다. 삶의 끝이 있다는 사실은 우리의 존재를 소중히 여기게 하고, 오늘이라는 시간을 더욱 빛나게 만들며, 사랑과 감사의 마음을 품게 합니다. 죽음을 생각할 때 우리는 매일의 삶을 더욱 깊이 있게 살아가게 되고, 삶은 더욱 선명해지며, 지금 이 순간을 가장 아름답고 값지게 살아갈 수 있습니다.

이 책은 제가 미국 풀러신학대학원에서 목회학 박사D.Min. 과정을 이수하며 작성한 논문 「죽음에 관한 기독교적 이해와 목회적 적용」을 바탕으로 내용을 정리하고 보완하여 출간하는 것입니다. 죽음이라는 주제에 관심 있는 분들에게는 좋은 안내서가 되고, 교회에서는 신앙교육을 위한 유익한 교재가 될 것입니다.

특별히 본 저서는 다양한 자료를 참고하였으나 각주 표기의 한계로 인해 본문에 일일이 출처를 밝히지 못했습니다. 이에 참고문헌은 책의 마지막 장에 수록하였습니다. 귀한 연구와 글을 제공해 주신 모든 분들께 깊이 감사드리며, 독자 여러분들의 이해와 참고에 도움이 되시길 바랍니다.

그리고 앞표지에 담긴 예루살렘 승천교회는 죽음을 넘어 하늘로 오르신 예수 그리스도의 부활 영광을 노래합니다. 뒤표지에는 제 고향의 고요한 시골 묘소가 담겨 있으며, 흙으로 돌아가는 인생의 겸허한 현실을 전합니다. 하늘을 향해 열린 문과 땅의 끝자락에서 마주하는 침묵의 자리는 죽음이 마지막이 아니라 영원한 생명의 시작임을 조용히 들려줍니다.

이 책이 나오기까지 삶의 배경이 되어준 전주기전여자고등학교와 행복한사람들의교회 성도님들에게 감사를 드립니다.

무엇보다도 저를 위해 아낌없이 희생해 주신 부모님과 힘이 되어준 동생들의 가정, 그리고 곁에서 함께 해준 아내와 세 자녀 성민, 영민, 소민이에게 고마운 마음을 전합니다.

바라기는, 《죽음과 기독교》가 이 땅에 사는 동안에 우리의 삶을 더욱 아름답게 하고, 영원한 하나님의 나라를 향한 여정 속에서 행복한 길을 열어가는 신앙의 지침서가 되기를 소망합니다.

2025년 11월 28일

전주기전여자고등학교 교목실에서

김호진 목사

목차 Contents

개념 정리

제1장

일반적인 죽음의 이해

1. 생물학적 죽음

- 의학적, 윤리적으로 죽음은 심장, 폐, 뇌 기능 정지로 규정한다.
- 기독교는 생명 윤리를 하나님의 주권 안에서 신중히 다룬다.

2. 철학적 죽음

- 죽음을 인간 존재 의미의 성찰 거울로 여겨왔다.
- 고대는 영혼 해방, 중세는 만남, 근대는 이성, 현대는 실존으로 보았다.

3. 심리학적 죽음

- 죽음에 대한 개인의 인지, 감정, 행동적 반응에 주목한다.
- 퀴블러로스의 5단계는 죽음과 상실 수용에 중요한 역할을 한다.

4. 사회학적 죽음

- 생존하지만 사회적 소외와 존재 부정의 상태를 뜻한다.
- 공동체 안에서 지원을 통한 사회적 존재감 회복이 중요하다.

제1장

일반적인 죽음의 이해

죽음은 이 땅에서 누구도 피할 수 없는 삶의 마지막이며, 모든 사람에게 주어지는 공평하고 보편적인 현실입니다. 그러나 죽음을 바라보는 사람들의 시선은 각자의 인생관, 신념, 문화적 배경과 시대적 맥락에 따라 다양하게 나타납니다. 그렇기 때문에 죽음의 의미를 하나로 규정하기란 결코 쉬운 일이 아닙니다. 이러한 이유로 죽음에 대한 개념적 접근이 필요합니다. 죽음을 어떻게 정의하고 이해하느냐에 따라, 삶을 살아가는 우리의 자세와 태도 역시 달라질 수 있기 때문입니다.

본 장에서는 죽음에 대한 이해를 넓히기 위해 생물학적, 철학적, 심리학적, 사회학적 관점을 살펴보고, 그 안에서 기독교 신앙이 제시하는 죽음의 의미를 함께 고찰하고자 합니다.

1. 생물학적 죽음

죽음의 정의는 시대적 배경과 학문적 관점에 따라 다양하게 제시되어 왔습니다. 대한의학협회는 죽음을 두 가지로 구분하여 설명합니다. 첫째는 심장과 폐 기능이 회복 불가능하게 정지된 상태이며, 둘째는 뇌간을 포함한 전체 뇌의 기능이 영구적으로 멈춘 상태입니다.

일반 백과사전에서도 죽음은 생명체의 모든 생물학적 활동이 완전히 정지된 상태로 정의되며, 이는 장기 기능이 중단되고, 심장이 더 이상 뛰지 않으며, 혈액 순환과 의식이 완전히 소실된 상태를 의미합니다. 다시 말해, 생체 항상성이 붕괴되고 신체 기능이 돌이킬 수 없이 멈춘 상태가 곧 죽음으로 간주됩니다.

세계보건기구WHO 역시 죽음을 생리적, 생물학적 현상으로 정의하며, 생명을 유지하는 기능의 영구적 중단을 그 핵심으로 봅니다. 과거에는 심장박동과 호흡 정지가 죽음의 주요 기준이었지만, 현대 의학의 발전으로 뇌사 또한 죽음의 중요한 기준으로 받아들여지고 있습니다.

오늘날 인공호흡기, 심폐소생술, 혈액투석, 항암치료와 같은 생명 연장 기술이 발전하면서 죽음의 경계는 더욱 모호해졌습니다. 특히 말기 환자의 연명치료 지속 여부, 뇌사 판정의 윤리성, 냉동보존된 인간의 생명성 인정 여부 등은 죽음의 정의와 밀접하게 관련된 쟁점으로 남아 있습니다.

현대 의학은 죽음의 도래를 지연시킬 수는 있지만 그 궁극적인 도래 자체를 막을 수는 없습니다. 결국 죽음은 인간 누구에게나 예외 없이 찾아오는 실존적 현실이며, 중요한 것은 이 죽음을 어떻게 인식하고 수용하며 준비할 것인가에 대한 우리의 자세입니다.

생명 존중과 기독교 윤리

생물학적 죽음과 관련된 인간의 존엄성 문제는 현대 사회에서 다양한 윤리적 논쟁을 낳고 있습니다. 특히 기독교 신앙의 관점에서 볼 때, 인공임신중절, 안락사, 자살, 존엄사 등은 모두 하나님께서 주신 생명 질서를 위배하는 행위로 간주되며, 이에 대해 신중하고 신앙적인 성찰이 요구됩니다. 기독교는 생명을 인간의 소유물이 아닌, 하나님으로부터 위임받은 고귀한 선물로 이해합니다. 그러므로 생명을 임의로 훼손하거나 조정하려는 모든 시도는 하나님의 주권에 대한 도전이 될 수 있습니다.

모든 그리스도인은 하나님의 형상대로 창조된 존재로서 생명의 존엄을 지키며, 하나님의 나라에 대한 소망 안에서 죽음을 준비하고 받아들일 책임이 있습니다. 이러한 생명과 죽음에 대한 윤리적 성찰은 단순히 사회적, 법률적 문제를 넘어, 신앙적으로 매우 중요한 의미를 지닙니다.

» 인공임신중절(Induced Abortion)

의학적으로 인공임신중절, 즉 낙태는 태아가 자궁 밖에서 생존할 수 없는 시기에 의도적으로 임신을 종료하는 의료 행위로 정의됩니다. 수정은 정자와 난자가 결합하여 하나의 생명체로 형성되는 순간이며, 그로부터 약 2주 내 자궁에 착상되면 배아기가 시작됩니다. 약 8주 이후부터는 태아기로 구분되며, 이 시기 동안 생명체는 주요 장기가 형성되고 생리적 기능을 갖추게 됩니다.

기독교 신앙은 생명의 시작을 바로 이 수정의 순간으로 이해합니다. 태아는 단순한 조직이 아닌, 하나님의 형상으로 창조된 고귀한 존재로 간주되며, 하나님의 섭리와 목적 안에서 생명을 부여받은 독립된 인격으로 여겨집니다. 그러므로 낙태는 단순히 여성의 자기 결정권과 태아의 생명권 사이의 윤리적 갈등으로만 해석되어서는 안 됩니다. 오히려 하나님의 생명 주권에 대한 도전이자, 하나님의 창조 질서를 거스르는 심각한 신학적 문제로 바라보아야 합니다. 생명을 존중하는 태도는 단순한 도덕적 선택이 아니라, 하나님 앞에서 신앙인이 마땅히 지켜야 할 거룩한 책무이자 책임 있는 신앙의 실천입니다.

» 안락사(Euthanasia)

안락사는 회복 불가능한 질병이나 극심한 고통 속에 있는 환자의 요청에 따라, 의료적 개입을 통해 생명을 인위적으로 단축하거나 연장 치료를 중단하는 행위를 말합니다. 일반적으로 안락사는 자발적 안락사환자 본인의 요청에 의한 경우, 비자발적 안락사환자가 의사를 표현할 수 없는 상태에서 이루어지는 경우, 예: 혼수상태, 중증치매, 타발적 안락사환자 외 제3자의 판단에 따라 시행되는 경우로 구분됩니다.

그러나 기독교 신앙은 생명의 주권이 인간에게 있는 것이 아니라 하나님께 있음을 고백합니다. 인간의 생명은 창조주 하나님의 손에 달려 있으며, 하나님의 뜻과 섭리 아래 존엄하게 유지되는 선물입니다. 그러므로 안락사는 단순히 육체적 고통을 피하려는 현실적 선택을 넘어, 하나님과의 관계, 이웃과의 공동체적 책임을 망각하는 행위가 될 수 있습니다.

기독교는 모든 생명이 상태와 조건, 효율성에 관계없이 고귀하다고 선언합니다. 설령 고통 속에 있을지라도, 그 생명은 하나님의 뜻 안에 존재하고 있으며, 우리는 그 생명의 마지막 순간까지도 하나님께 맡기고 존중하는 자세를 지녀야 합니다. 신앙인의 삶은 죽음의 순간까지 하나님을 신뢰하며 인내하는 여정입니다. 고통 가운데서도 생명을 포기하지 않고, 하나님께 그 시간을 맡기며 성실하게 살아내는 자세는 참된 인간다움의 표현이자, 하나님 나라를 향한 믿음의 여정이라 할 수 있습니다.

» 자살(Suicide)

기독교 신앙은 인간이 자신의 생명을 자율적으로 통제할 수 있는 전적 권한을 지닌 존재라고 말하지 않습니다.

생명의 진정한 주권자는 오직 하나님이시며, 인간은 하나님께로부터 생명을 위임받은 청지기로서 그 생명을 귀히 여기고 지키며, 하나님의 뜻에 따라 살아갈 책임이 있습니다. 그러므로 스스로 생명을 포기하거나 타인의 생명을 침해하는 행위는 하나님의 창조 질서를 심각하게 거스르는 죄이며, 인간의 존엄성을 훼손하는 행위로 간주됩니다.

특히 자살은 단순한 개인적 선택이 아니라, 깊은 심리적 고통과 절망, 대인 관계 단절, 사회적 고립, 그리고 경제적, 제도적 취약성 등 복합적인 원인이 얽힌 비극적인 결과입니다. 따라서 자살을 도덕적 비난의 대상으로만 보아서는 안 되며, 고통받는 이들에게 공감하고, 그들의 아픔에 함께하는 공동체적 돌봄과 실질적인 지원이 절실히 요구됩니다.

교회와 사회는 협력하여 생명의 고귀함을 일깨우고, 정서적 회복과 희망을 제공할 수 있는 예방 교육과 돌봄 체계를 강화해야 합니다. 우울과 절망 속에 있는 이들이 주님 안에서 생명의 의미를 회복하고, 하나님의 사랑 안에서 새로운 삶을 꿈꿀 수 있도록, 건강한 공동체, 치유적 상담, 실질적인 복지 제도, 신앙적 지지체계를 마련해 주어야 할 것입니다.

궁극적으로 기독교 신앙은 고통 중에도 하나님의 은혜는 여전히 유효하며, 어떠한 상황 속에서도 하나님은 함께하시고, 우리를 생명으로 부르신다는 진리를 선포합니다. 자살 예방은 단지 사회 복지의 과제가 아니라, 교회가 감당해야 할 생명 사역이자, 이 시대에 주어진 중대한 영적 책임입니다.

» 존엄사(Death with Dignity)

존엄사는 하나님께서 맡기신 생명을 감사함으로 받아들이며, 죽음 앞에서도 인간의 품위와 고귀함을 지키고자 하는 신앙인의 자세를 반영합니다. 이는 말기 불치병 환자가 더 이상 회복 가능성이 없을 때, 불필요한 연명치료를 중단하거나 유보함으로써 자연스럽게 죽음을 맞이하는 과정, 곧 자연사natural death를 의미합니다. 이러한 결정은 죽음을 하나님의 뜻과 섭리로 겸허히 받아들이고, 영원한 생명에 대한 소망 안에서 삶의 마무리를 준비하는 태도에서 비롯됩니다. 존엄사는 생명을 인위적으로 단축시키는 안락사와는 분명히 구별됩니다.

안락사는 육체적 고통을 피하기 위해 의료적 개입을 통해 죽음을 앞당기는 행위이며, 자살은 개인적 절망이나 사회적 고립에서 비롯된 극단적 선택입니다. 그러나 존엄사는 생명의 고귀함을 끝까지 지키면서도 무의미한 생명 연장을 거부하고 하나님의 주권 안에서 마지막 순간까지 인간답게 살아가려는 신앙적 결단입니다.

기독교 신앙은 생명이 인간의 소유가 아니라 하나님의 선물이자 위임이라는 점을 분명히 합니다. 따라서 존엄사는 하나님의 뜻을 신뢰하며 생명의 끝자락에서도 경외와 감사의 마음을 잃지 않으려는 믿음의 실천이며, 삶과 죽음 모두가 하나님의 섭리 안에 있음을 고백하는 겸손한 순종의 태도라 할 수 있습니다.

생물학적 죽음은 심장, 폐, 뇌를 비롯한 주요 신체 기능이 회복 불가능 상태로 완전히 정지된 것을 의미합니다. 그러나 죽음의 정확한 경계에 대해서는 여전히 의학적, 윤리적 논쟁이 이어지고 있습니다. 기독교 신앙은 생명을 하나님의 거룩한 선물로 고백하며, 생명에 대한 모든 판단을 하나님의 주권과 창조 질서 안에서 바라봅니다. 그러므로 우리는 생명의 시작과 끝을 주관하시는 하나님을 깊이 경외하며, 주어진 생을 책임 있게 살아가는 삶의 자세를 가져야 합니다.

2. 철학적 죽음

고대로부터 죽음은 수많은 철학자들이 깊이 탐구해 온 주제임에도 불구하고, 구체적이고 체계적으로 접근하기에는 매우 복잡하고 어려운 문제로 남아 있습니다. 철학은 주로 인간 존재의 본질과 이해를 중심으로 죽음을 사유하며, 시대별로 그 접근 방식과 관점에 따라 구분하여 연구해 왔습니다.

일반 역사와 철학사 시대 구분

일반 역사 (서양사 기준)

고대 (-476년) 서로마 제국 멸망

중세 (476-1492년) 콜럼버스 신대륙 발견

근세 (1492-1789년) 프랑스 혁명 발발

근대 (1789-1914년) 제1차 세계대전 발발

현대 (1914-현재) 현대사 전개 중

철학사 구분

고대 철학 (기원전 6세기-기원후 6세기) 소크라테스, 플라톤, 아리

스토텔레스

중세 철학 (6세기-14세기) 성 어거스틴, 토마스 아퀴나스

근대 철학 (15세기-19세기 초) 데카르트, 칸트, 헤겔

현대 철학 (19세기 중반-현대) 하이데거, 푸코, 사르트르

일반 역사는 정치, 사회, 경제적 사건과 구조 변화에 따라 시대를 구분하며, 철학사는 사유 방식의 변화와 철학적 관심의 전환을 기준으로 시대를 나눕니다.

» 고대

고대 그리스 철학자 소크라테스Socrates, 기원전 470-399는 죽음을 단순한 생명의 종결이 아니라, 육체적 속박에서 벗어나 영혼이 진정한 자유를 누리는 해방의 과정으로 이해했습니다. 그는 "철학이란 곧 죽음을 연습하는 것"이라며, 죽음을 두려워하지 않았고 오히려 영혼의 정화를 위한 준비로 여겼습니다.

그의 제자 플라톤Plato, 기원전 427/428-347은 영혼의 불멸성과 영원성을 강조하며, 죽음을 육체라는 감각적 세계를 떠나 이데아가 존재하는 이상계로 돌아가는 영혼의 귀환으로 보았습니다. 플라톤에게 현실 세계는 참된 진리의 그림자에 불과하며, 죽음

을 통해 영혼은 비로소 진정한 실재인 이데아의 세계에 도달하게 된다고 주장했습니다.

이처럼 고대 철학자들은 죽음을 단절이나 소멸이 아닌, 존재의 더 높은 단계로 나아가는 이행의 과정으로 인식했습니다. 그들에게 죽음은 두려움의 대상이 아니라, 진리와 선善을 향한 영혼의 여정이 완성되는 필연적이고 자연스러운 전환이었습니다.

» 중세

중세는 철학과 신학이 깊이 결합된 시대로, 철학이 곧 기독교 신학이라 불릴 만큼 기독교 세계관 중심이었습니다. 이 시기의 대표적인 사상가인 성 아우구스티누스Saint Augustinus, 354-430와 토마스 아퀴나스Thomas Aquinas, 1225-1274는 기독교적 시각에서 죽음을 성찰하며, 죽음을 단순한 삶의 끝이 아닌 하나님과의 연합을 위한 중요한 전환점으로 보았습니다.

아우구스티누스는 인간 존재의 목적이 하나님 안에서의 안식에 있다고 보았으며, 아퀴나스는 영혼의 불멸성과 부활 신앙을 철학적으로 체계화함으로써 죽음을 영원한 생명을 위한 준비로 설명했습니다.

중세 철학은 플라톤의 이데아론과 아리스토텔레스의 형상과 질료 개념에 영향을 받아, 육체와 영혼을 구별하고 영혼을 불멸의 실체로 간주했습니다. 이 세상에서의 삶은 영원한 구원을 준비하는 순례의 과정이며, 죽음은 하나님 앞에 나아가는 문으로 이해되었습니다.

특히 예수 그리스도의 십자가 죽음과 부활은 중세 신학에서 죽음의 의미를 정립하는 핵심 사건이었으며, 그리스도를 따르는 삶은 곧 죽음을 준비하는 삶으로 간주되었습니다. 이에 따라 중세의 신앙인들은 죽음을 두려움이나 회피의 대상이 아니라 소망의 관문으로 받아들였고, 거룩하게 죽음을 준비하는 태도를 경건한 삶의 한 부분으로 여겼습니다.

» 근대

근대에 들어서면서 철학자들은 죽음을 신학적 틀에서 벗어나 인간 중심의 이성과 과학적 사고를 통해 탐구하기 시작했습니다. 이들은 죽음을 형이상학적 신비로 보기보다는, 자연현상의 하나로 합리적으로 이해하고자 하였습니다.

르네 데카르트René Descartes, 1596-1650는 육체와 정신을 각각 물질적 실체와 비물질적 실체로 구분하는 이원론을 주장하며, 육체는 소멸하더라도 정신은 신에 의해 불멸이 보장된다고 보았습니다. 그에게 있어 죽음은 육체의 종말이지만, 이성과 자아의 본질인 정신은 여전히 지속되는 존재였습니다.

스피노자Baruch Spinoza, 1632-1677는 죽음을 자연의 필연적인 일부로 보며, 그것을 두려워하지 말고 이성적으로 이해하고 받아들여야 한다고 역설했습니다. 그의 철학에서는 죽음조차 신의 질서 안에 포함된 필연적 사건으로 간주됩니다.

임마누엘 칸트Immanuel Kant, 1724-1804는 죽음을 단순한 소멸로 간주하지 않았습니다. 그는 인간을 도덕 법칙을 자율적으로 실천하는 존재로 이해하며, 영혼의 불멸과 사후세계는 도덕적 실천의 필연적 전제로 제시하였습니다.

게오르크 헤겔Georg Wilhelm Friedrich Hegel, 1770-1831은 죽음을 정신이 자기완성을 향해 나아가는 필연적 과정으로 보았습니다. 죽음은 단절이 아닌, 절대정신이 자기 자신을 인식해 가는 변증법적 발전의 한 단계로 이해되었습니다.

반면 아르투르 쇼펜하우어Arthur Schopenhauer, 1788-1860는 삶을 고통의 연속으로 보았으며, 죽음을 그 고통에서 벗어나는 해방의 순간으로 받아들였습니다. 그는 인간의 욕망을 모든 고통의 근원으로 규정하고, 죽음을 통해 욕망으로부터의 자유가 가능하다고 주장했습니다. 이처럼 근대 철학자들은 죽음을 단순한 종말이나 신비로 간주하지 않고, 인간 존재와 삶의 의미, 그리고 이성의 역할 안에서 철학적으로 성찰하려 했습니다. 죽음이 더 이상 회피의 대상이 아니라 인간 존재의 본질을 묻는 깊은 철학적 과제로 자리 잡게 된 것입니다.

» 현대

19세기 후반과 20세기에 들어서면서, 철학은 인간 존재의 본질적 조건에 물음을 집중하게 되었고, 특히 지금 여기 존재하는 구체적인 인간, 곧 실존에 대한 관심이 크게 고조되었습니다. 이러한 지적 흐름 속에서 실존주의 철학은 죽음을 인간 존재의 본질을 가장 극적으로 드러내는 주제로 삼고, 깊이 탐구하였습니다.

마르틴 하이데거Martin Heidegger, 1889-1976는 인간 존재를 죽음을 향해 나아가는 존재로 정의하며, 죽음을 인간 실존의 본질적 한계이자 궁극적 가능성으로 보았습니다. 그는 인간이 자신의 죽음을 의식하고 직면할 때, 비로소 자신의 삶을 진정성 있게 살아갈 수 있다고 강조했습니다.

장 폴 사르트르Jean-Paul Sartre, 1905-1980는 죽음을 인간 자유의 종결점으로 보면서도, 그 죽음을 인식하는 가운데 오히려 인간은 자신의 선택과 행위에 대해 더욱 강력한 책임을 져야 한다고 주장했습니다. 죽음은 인간의 존재 가능성을 제한하지만, 그 한계 안에서 인간은 의미를 창조해야 하는 자유로운 존재로 남는다는 것이 그의 핵심 사유입니다.

미셸 푸코Michel Foucault, 1926-1984는 죽음을 단지 개인의 생물학적 사건으로 말하지 않고, 그것이 사회적, 정치적 맥락 속에서 어떻게 규정되고 통제되어 왔는지를 고찰했습니다.

이처럼 실존주의와 현대 철학은 죽음을 단순한 생의 종결이 아닌, 오히려 인간 존재의 진실을 드러내고 삶의 의미를 직면하게 만드는 실존적 거울로 이해합니다.

철학은 시대마다 죽음을 다양한 관점에서 성찰해 왔습니다. 고대는 육체로부터 영혼의 해방으로 이해했고, 중세에는 하나님과의 연합을 이루는 전환점으로 보았습니다. 근대에는 자연의 법칙으로 간주하고 이성적으로 접근했고, 현대는 존재와 삶을 성찰하는 실존적 거울로 봅니다. 철학은 죽음을 통해 인간 존재의 깊이를 탐구해 왔지만 결정적 해답은 제시하지 못합니다. 이에 기독교는 그 물음 위에 생명과 부활의 약속으로 응답하며, 죽음을 넘어선 영원한 생명의 비전을 우리에게 열어 줍니다.

3. 심리학적 죽음

죽음에 대한 심리적 반응을 연구한 대표적인 학자 중 한 사람은 스위스 출신의 정신과 의사 엘리자베스 퀴블러로스 Elizabeth Kübler-Ross, 1926-2004입니다. 그녀는 호스피스 운동의 선구

자로, 죽음과 상실을 경험하는 사람들이 겪는 심리적 과정을 체계적으로 설명한 인물로 널리 알려져 있습니다.

퀴블러로스는 말기 환자들과의 심층 인터뷰를 통해, 인간이 죽음을 직면했을 때 보이는 감정 반응의 전형적인 흐름을 다섯 단계로 정리했습니다. 이 다섯 단계는 부정denial, 분노anger, 타협bargaining, 우울depression, 수용acceptance으로 구성됩니다.

이 이론은 죽음을 앞둔 환자뿐 아니라, 사랑하는 사람을 잃은 유가족이나 삶의 상실을 겪는 사람들에게도 적용될 수 있는 보편적 심리 구조로 받아들여집니다. 퀴블러로스의 5단계 이론은 죽음을 심리적으로 이해하는 데 있어 중요한 틀을 제공하며, 의료, 심리, 상담 분야에서 상실과 애도의 과정을 설명하고 지원하는 이론적 기반으로 폭넓게 활용되고 있습니다.

죽음의 5단계 이론으로 널리 알려진 퀴블러로스 모델은, 죽음을 앞둔 사람들이 겪는 감정과 심리의 변화를 단계적으로 설명한 이론으로, 죽음이라는 실존적 현실에 대한 인간의 내면 반응을 다섯 가지로 체계화한 모델입니다.

첫째, 부정과 고립 Denial and Isolation

죽음이라는 현실을 처음 마주했을 때 가장 일반적으로 나타나는 심리적 반응은 부정입니다. 이는 자신에게 주어진 죽음이라는 사실을 받아들이지 못하고, 현실을 거부하거나 외면하려는 심리적 방어기제로 작용합니다. 많은 이들이 의료진의 진단을 신뢰하지 않거나, “설마 나에게 그런 일이 일어날까”라는 식의 반응을 보이며, 죽음의 가능성을 인정하지 않으려 합니다. 이러한 부정은 급작스럽게 닥친 충격에 대한 일종의 보호막으로 기능하며, 당사자가 감정적으로 무너지지 않도록 일시적인 안정감을 제공합니다.

부정과 함께 고립 현상도 흔히 동반됩니다. 죽음을 받아들이기 어려운 심리는 외부 세계와의 단절로 이어지며, 당사자는 자신의 상황을 이해받기 어렵다고 느끼고 주변 사람들과 거리를 두거나 관계를 회피하려는 경향을 보입니다. 그러나 시간이 흐름에 따라 현실적인 문제들, 가족, 재정, 미처 정리하지 못한 일들과 마주하게 되면서 점차 죽음이라는 사실을 인식하고 받아들이는 방향으로 심리적 전환이 이루어집니다. 특별히 신앙적으로 부정과 고립 속에서도 “두려워말라 내가 너와 함께 함이라”이사야 41:10 하신 하나님의 약속을 마음 깊이 새기게 하며, 언제나 하나님의 품 안에 있다는 깊은 확신과 위로로 마음을 채우도록 도와야 합니다.

둘째, 분노 Anger

죽음의 불가피함을 어느 정도 인정하게 되면 분노의 감정이

표면으로 드러납니다. “왜 하필 나인가?”라는 질문과 함께, 죽음이 자신에게 주어진 운명이라는 사실에 대한 불공정함과 원망이 내면에서 일어납니다. 이 분노는 가족, 의료진, 운명 혹은 하나님을 향한 원망의 형태로 표현되기도 하며, 때때로 공격적이거나 날카로운 반응으로 나타날 수 있습니다.

이 시기의 분노는 단지 분출되어야 할 감정이 아니라 상실을 마주한 인간적 반응으로 이해되어야 합니다. 따라서 주변 사람들의 이해와 공감, 인내와 배려가 절실합니다. 환자가 여전히 존엄한 존재로 존중받고 있음을 느끼도록 섬세한 배려가 필요합니다. 그러한 환경 속에서 환자는 점차 자신의 분노를 해소하고, 다음 심리적 단계로 나아갈 내적 준비를 갖추게 됩니다. 이러한 분노의 때에는 감정을 억누르지 않고 마음을 숨김 없이 하나님께 아뢰며, 변함없이 방패와 위로자가 되시는 주님을 더욱 굳게 신뢰하도록 도와야 합니다.

셋째, 타협Bargaining

죽음을 점차 받아들이기 시작하면서도, 이를 연기하거나 피할 수 있다는 희망을 품고 시도하는 단계가 타협입니다. 이 시기에 환자는 죽음을 미룰 수 있으리라는 기대 속에서 하나님이나 자신과 일종의 협상을 시도합니다. “이 일만 끝나면…”, “기도를 더 열심히 드리면…”, “내가 헌신적으로 살아간다면…”과 같은 조건부 약속을 통해, 죽음의 현실로부터 잠시나마 거리를 두려는 심리가 작동합니다.

특히 신앙을 가진 사람들은 하나님께 삶의 연장을 간구하며, 종교적 헌신이나 봉사, 금식과 같은 행위를 통해 생명을 연장받고자 하는 마음을 표현하기도 합니다. 이 과정은 죽음에 대한 수동적 수용이 아니라, 살아 있음의 가치를 붙잡기 위한 능동적 심리 반응으로 이해될 수 있습니다.

이 단계에서는 환자가 아직 삶에 대한 희망과 의미를 찾고자 애쓰고 있음을 인정해야 하며, 주변 사람들은 그들의 믿음과 정서적 요청을 존중하고 조용히 곁에서 지지해 주는 태도를 지녀야 합니다. 환자의 내면적 갈등과 바람이 존중받을 때, 그들은 점차 자신의 한계를 받아들이고, 더 평화롭게 다음 단계로 나아갈 수 있게 됩니다. 무엇보다 예배와 기도, 찬양 가운데 하나님의 주권과 변함없는 사랑을 확신하게 하여, 순간의 타협이 아닌 영원한 약속을 굳게 붙들도록 인도해 주어야 합니다.

넷째, 우울Depression

죽음의 현실이 점점 분명해지면서, 환자는 깊은 슬픔과 우울감에 사로잡히게 됩니다. 신체적 고통이 점차 심화되고, 외부 자극에 대한 민감도가 높아지면서 방문객을 거부하거나 혼자 있으려는 경향이 나타납니다. 이는 단순한 외면이 아니라, 내면의 감정을 정리하고, 남은 삶을 조용히 성찰하려는 자연스러운 심리 과정입니다.

이 시기의 우울은 사랑하는 이들과의 이별에 대한 아픔, 스스로의 존재가 점차 소멸해 간다는 인식, 삶의 의미나 역할 상실에 대한 깊은 애도에서 비롯됩니다. 무력감, 후회, 두려움, 상실감이 복합적으로 작용하며, 고요하지만 깊은 내적 침잠의 시간을 보내게 됩니다.

따라서 이 시기에는 억지로 위로하거나 기운을 내라고 재촉하기보다, 환자의 감정을 조용히 공감하고 동행하는 자세가 필요합니다. 특히 기독교 신앙의 맥락에서는 죽음이 삶의 끝이 아니라 영원한 생명으로 들어가는 통로이며, 하나님의 품으로 돌아가는 거룩한 여정임을 상기시키는 것이 중요합니다. 이러한 영적 통찰은 환자에게 단순한 감정적 위안을 넘어, 존엄한 죽음과 평안한 이별을 준비하는 데 깊은 내적 안정과 소망을 제공할 수 있습니다.

다섯째, 수용Acceptance

수용은 죽음이라는 불가피한 현실을 평온하게 받아들이는 마지막 심리적 단계입니다. 이 시점에서 환자는 더 이상 죽음을 부정하거나 분노로 저항하지 않으며, 절망의 슬픔을 넘어선 내면의 고요함 속에 자신의 운명을 받아들입니다. 많은 이들은 혼자 있는 시간을 즐기며, 깊은 침묵 속에서 삶을 회고하고, 죽음과의 싸움이 끝났다는 평화로운 감정을 경험하게 됩니다.

이 단계에서는 감정적 동요가 줄어들고, 신체적 고통도 어느 정도 완화되는 경우가 많습니다. 환자는 자신이 걸어온 길을 되돌아보며, 삶의 의미를 재정리하고 남겨진 이들을 위한 작별을 준비합니다. 더 이상 죽음을 두려움의 대상으로 생각하지 않고, 자연스러운 여정의 종착지로 받아들이는 자세가 나타납니다.

퀴블러로스는 이 수용의 단계를 긴 여행을 떠나기 전 마지막 준비와 종결의 시간으로 표현하였습니다. 이는 단순한 체념이 아니라, 삶과 죽음의 이치를 온전히 껴안는 깊은 성숙의 표현이며, 인간 정신의 위대한 완성이라 할 수 있습니다. 기독교 신앙 안에서 이 단계는 하나님의 선하신 뜻과 변함없는 약속을 믿게 하며, 새 하늘과 새 땅에서 주님과 영원히 동행하는 영광의 시작으로 죽음을 바라보도록 이끌어야 합니다. 평안과 소망 속에서 경건히 죽음을 준비하도록 돕고 격려해야 합니다.

엘리자베스 퀴블러로스의 5단계 모델은 인간이 죽음을 받아들이는 심리적 과정을 설명하는 중요한 틀입니다. 그러나 기독교 신앙은 이 심리적 과정을 단순한 감정의 흐름으로만 생각하지 않습니다. 성도는 죽음을 하나님의 주권과 섭리 안에서 해석하며, 고통과 절망의 순간조차 영원한 생명을 향한 믿음의 여정으로 받아들

입니다. 믿음은 죽음의 어둠 속에서도 하나님께서 주시는 위로와 소망의 빛을 붙들게 하며, 죽음을 넘어서 참된 평안과 생명의 충만함에 이르도록 인도합니다.

4. 사회학적 죽음

사회학적 죽음이란 생물학적으로는 살아 있으나, 사회적 관계와 역할에서 단절되어 타인에 의해 존재가 무시되거나 인간 이하로 인식되는 상태를 말합니다. 이는 한 개인이 더 이상 사회의 일원으로 기능하지 못하고, 타인에 의해 죽은 자로 여겨질 때 발생합니다. 즉, 살아 있음에도 불구하고 존재의 가치를 부정당하거나 소외된 상태, 그것이 곧 사회적 죽음입니다.

이러한 사회적 죽음은 질병, 노화, 장애, 실직, 가난 등으로 인해 기존의 역할을 상실했을 때 발생할 수 있으며, 이로 인해 당사자는 극심한 자아 상실, 좌절감, 불안감을 경험하게 됩니다. 현대인들은 때로 생물학적 죽음보다도 사회적 죽음을 더 두려워하기도 합니다. 사회적 인정과 소속이 곧 존재의 의미로 연결되기 때문입니다.

그러나 사회적 죽음은 되돌릴 수 없는 파멸이 아닙니다. 어떤 사람이 사회에서 역할을 상실했더라도 새로운 관계와 환경 속에서 새로운 정체성과 역할을 회복할 수 있는 가능성, 즉 사회적 재탄생이 존재합니다. 예를 들어, 중병을 앓은 환자가 병원 공동체에서 새로운 의미와 역할을 발견하거나, 고립된 노인이 공동체 프로그램을 통해 사회와 다시 연결될 수 있습니다. 이는 단순한 회복을 넘어 존재의 재구성이라는 깊은 의미를 지닙니다.

이러한 사회적 죽음과 재탄생은 단지 개인의 문제가 아니라 사회 전체가 함께 해결해야 할 과제입니다. 소외된 이들이 존엄을 회복하고 사회 안에서 다시 살아갈 수 있도록 하려면 정책적 지원, 공동체의 돌봄, 정신적 존중, 그리고 상호 돌봄의 문화가 뒷받침되어야 합니다.

기독교 신앙은 이 문제에 깊이 있는 해답을 제시합니다. 하나님은 소외된 자, 병든 자, 가난한 자를 외면하지 않으시며, 오히려 그들을 새롭게 세우시는 분이십니다. 기독교 공동체는 사회적 죽음을 경험한 이들에게 존재의 회복과 새로운 소속감을 제공해야 합니다. 이는 단순한 동정이 아닌, 그리스도의 사랑 안에서 이루어지는 회복과 치유의 사역입니다. 모든 인간은 하나님의 형상대로 창조된 존귀한 존재이기에, 누구도 무가치하거나 버려진 존재로 남아서는 안 됩니다.

핵심 정리

죽음은 생물학적으로는 생명 활동의 정지이지만, 그 의미는 단순한 종결을 넘어 철학적, 윤리적, 심리적, 사회적 함의를 내포합니다.

윤리적으로는 생명의 존엄성과 가치를 성찰하게 하며, 철학적으로는 인간 존재의 유한성과 삶의 본질에 대해 생각하게 합니다. 심리적으로는 상실감과 두려움, 그리고 이를 수용하는 과정을 포함하고, 사회학적으로는 사회적 역할과 관계의 단절로 이해되기도 합니다.

그러나 기독교 신앙은 죽음을 단순한 삶의 끝이 아니라, 하나님의 품으로 돌아가는 거룩한 여정으로 이해합니다. 이러한 믿음은 삶의 고난과 죽음의 현실 앞에서도 흔들리지 않는 위로와 소망을 제공하며, 인간의 유한한 생애를 하나님의 영원한 섭리 안에서 의미 있게 바라보도록 인도하여 삶과 죽음 모두에 깊은 위로와 의미를 제공해 줍니다.

제2장

발달단계별 죽음의 이해

1. 유아기, 아동기의 죽음

- 유아는 죽음을 이해 못하고, 아동은 일시적인 현상으로 인식한다.
- 성장하면서 죽음을 현실로 받아들이며 이해하게 된다.

2. 청소년기의 죽음

- 죽음에 대한 추상적 사고가 발달하며, 철학적, 종교적 탐구로 인격이 성숙해진다.

3. 성년기의 죽음

- 가족과 사회적 책임이 죽음에 실존적 불안을 일으킨다.
- 사회적 기여와 신앙을 통해 평온과 성숙을 추구해야 한다.

4. 노년기의 죽음

- 죽음을 현실로 자연스럽게 수용하는 태도가 중요하다.
- 죽음을 새로운 시작으로 보고, 신앙 안에서 삶을 재정립해야 한다.

제2장

발달단계별 죽음의 이해

인간은 태어나서 죽음에 이르기까지 끊임없이 성장하고 변화하며, 이 과정에서 죽음에 대한 인식과 이해 역시 개인의 발달단계와 사회적 환경에 따라 달라집니다. 죽음은 일반적으로 노화와 연관되어 인식되지만, 실제로는 연령과 상관없이 예기치 않게 찾아올 수 있는 삶의 보편적 현실입니다. 삶의 각 시기마다 죽음에 대한 태도와 인식이 서로 다르게 형성되며, 이는 발달심리학 이론을 통해 더 체계적으로 살펴볼 수 있습니다.

특히 장 피아제의 인지 발달 이론과 에릭 에릭슨의 심리사회적 발달 이론은 인간이 성장해 가는 과정 속에서 죽음을 어떻게 받아들이고 대응하는지를 이해하는 데 중요한 이론적 틀을 제공합니다.

피아제(Jean Piaget, 1896-1980)의 인지 발달 4단계

1. 감각운동기(0–2세) 2. 전조작기(2–7세)

3. 구체적 조작기(7–11세) 4. 형식적 조작기(11세 이상)

에릭슨(Erik Homburger Erikson, 1902-1994)의 8단계

심리사회적 발달 이론

1. 영아기(0–1세) 2. 유아기(1–3세) 3. 유아기 후반(3–6세)

4. 아동기(6–12세) 5. 청소년기(12–18세) 6. 성년기 초반(18–40세)

7. 중년기(40–65세) 8. 노년기(65세 이후)

1. 유아기, 아동기의 죽음

피아제의 인지발달 이론에 따르면, 아동은 성장 과정에서 세상을 인식하고 이해하는 방식이 단계적으로 변화합니다. 이러한 인지 발달단계에 따라 죽음에 대한 개념 역시 점진적으로 형성되며, 특히 유아기와 아동기에는 죽음을 이해하고 받아들이는 방식에 다음과 같은 특징이 나타납니다.

감각운동기(0-2세)

이 시기의 유아는 감각적 자극과 신체 활동을 통해 세상을 인식해 나가는 초기 단계에 있습니다. 사고 능력이 아직 충분히 발달되지 않았기 때문에 죽음이라는 개념 자체를 이해하지 못합니다. 누군가가 보이지 않거나 주변에 없으면 일시적인 부재로 받아들이며, 이를 영구적인 상실이나 죽음으로 연결 짓지는 않습니다.

즉 이 시기의 아이에게 죽음은 실재의 소멸이 아닌, 단순히 눈앞에 보이지 않는 일시적 부재로 여깁니다.

전조작기(2-7세)

이 시기의 아동은 언어 능력이 발달하고, 상징적 사고를 통해 세상을 점차 이해해 나갑니다. 그러나 아직 논리적인 사고는 충분히 성숙하지 않았기 때문에, 죽음을 일시적인 상태나 되돌릴 수 있는 현상으로 받아들이는 경향이 있습니다. 예를 들어, 누군가가 죽었다는 사실을 여행을 떠난 것이나 잠시 자리를 비운 것으로 해석하며, 시간이 지나면 다시 돌아올 수 있다고 생각하기도 합니다. 이처럼 죽음은 이 시기 아동에게 현실적인 사건이라기보다는 상상과 뒤섞인 개념으로 작용합니다.

구체적 조작기(7-11세)

이 시기의 아동은 논리적 사고 능력이 향상되면서, 죽음에 대해 좀 더 현실적이고 구체적인 이해를 갖기 시작합니다. 죽음을 되돌릴 수 없는 영구적 현실로 받아들이며, 그것이 모든 생명에게 예외 없이 주어진다는 사실을 점차 인식하게 됩니다.

또한 죽음의 원인과 결과를 논리적으로 파악하려는 태도가 형성되며, 상실에 대한 슬픔을 표현하는 방식도 점차 성숙해집니다. 다만, 여전히 죽음을 자신과는 일정한 거리가 있는 일로 여기고, 주로 노인이나 어른에게 일어나는 일로 받아들이는 경향이 있습니다.

피아제는 아동이 발달단계에 따라 죽음을 다르게 이해한다고 보았으며, 이는 인지 수준에 따라 설명 방식이 달라져야 함을 시사합니다. 아동에게는 죽음을 정확하면서도 따뜻한 언어로 설명하고, 정서적 안정감을 주는 것이 중요합니다.

기독교적으로는 하나님의 사랑과 천국의 소망을 통해 죽음을 두려움이 아닌 믿음의 시각으로 이해하도록 도와야 합니다. 이를 통해 아이들은 죽음을 삶의 일부로 받아들이며 평안과 위로를 경험할 수 있습니다.

2. 청소년기의 죽음

형식적 조작기(11세 이상)

피아제의 형식적 조작기에 해당하는 청소년기는 추상적 사고와 논리적 추론 능력이 본격적으로 발달하는 시기입니다. 이로 인해 청소년은 사회적, 윤리적 문제에 대한 이해가 깊어지고, 죽음에 대해서도 단순한 사실의 인식을 넘어 철학적, 형이상학적 관점에서 사유하게 됩니다. 죽음의 본질, 죽음 이후의 존재, 삶의 의미에 대한 자발적인 탐구가 일어나며, 어떤 이들은 기존의 종교적 신념을 재해석하거나 그것을 넘어서는 더 복합적이고 구체적인 관점으로 나아가기도 합니다.

그러나 이러한 인지적 성숙에도 불구하고, 많은 청소년들은 여전히 죽음을 노년기의 문제로 인식하며 자신과는 직접적인 관련이 없는 먼 일로 여기기 쉽습니다. 이는 죽음이라는 주제를 철학적으로는 탐구하면서도, 정서적으로는 회피하거나 막연한 불안을 느끼는 이중적 태도를 형성하게 합니다.

청소년기는 자아 정체성을 형성하는 결정적인 시기이며, 신체적 변화와 사회적 압박 속에서 감정 기복이 심하고 심리적 불안이 증가하는 시기이기도 합니다. 이러한 요인으로 인해 자살 충동이나 우울감 등 정서적 위기를 경험하는 경우가 많고, 죽음에 대한 이야기는 그들에게 민감하고 두려운 주제로 작용할 수 있습니다. 따라서 이 시기의 청소년이 죽음이라는 주제를 건강하게 마주하고 성찰할 수 있도록 돕는 과정은 삶과 죽음의 의미를 재정립하고 생명의 존엄성을 인식하는 데 매우 중요합니다.

형식적 조작기에 있는 청소년은 죽음을 철학적이고 추상적으로 사고할 수 있지만, 그만큼 혼란과 불안도 함께 경험하게 됩니다. 이 시기에는 정서적 안정과 영적 성장을 위한 상담과 신앙교육이 필수적입니다. 가정과 학교, 교회는 서로 협력하여 청소년이 죽음을 신앙의 시각에서 이해하고, 두려움의 대상이 아닌 믿음의 여정으로 받아들일 수 있도록 지지해야 합니다. 이러한 공동체적 돌봄은 청소년이 성숙한 인격과 신앙으로 성장해 나가는 데 귀중한 밑거름이 됩니다.

3. 성년기의 죽음

에릭슨의 심리사회적 발달 이론에 따르면, 성년기와 중년기는 각각 고유한 발달 과제를 안고 있으며, 이 과제의 성취 여부는 죽음에 대한 태도 형성에도 깊은 영향을 미칩니다.

성년 초기18-40세는 친밀감 대 고립의 단계로, 타인과 친밀한 관계를 형성하는 것이 주요 과제입니다. 이 시기에는 가족, 친구, 연인, 직장 동료 등과의 정서적 유대와 상호작용을 통해 심리적 안정과 정체감을 확립하게 됩니다. 그러나 관계 형성에 실패하거나 정서적 거리를 경험하게 되면, 고립감과 불안이 깊어지며, 삶에 대한 회의와 두려움이 증가할 수 있습니다.

성년 중기40-65세는 생산성 대침체의 시기로, 자녀 양육, 직업적 책임, 사회적 기여 등을 통해 성취감과 존재 가치를 느끼는 시기입니다. 이 과정을 통해 삶에 대한 긍정적 인식을 형성할 수 있지만, 기대에 미치지 못한 역할 수행, 관계의 갈등, 사회적 고립은 무력감과 좌절을 유발하며, 이로 인해 죽음에 대한 두려움과 인생에 대한 후회가 더욱 커질 수 있습니다. 에릭슨은 이 시기의 핵심을 사회적 책임에 대한 적극적 참여 여부로 보며, 타인과 공동체에 대한 헌신이 심리적 건강을 좌우한다고 보았습니다.

또한, 성년기는 신체적 노화와 정신적 변화가 본격화되는 시기로, 질병이나 사고를 통해 죽음이 구체적 현실로 다가오기 시작합니다. 이 시기에 죽음을 경험하거나 목격한 이들은 존재의 유한성에 대해 깊은 사유를 하게 되며, 삶의 의미와 방향성에 대해 본질적인 질문을 던지게 됩니다. 일반적으로 사회적 성취를 이루고 삶에 만족하는 사람일수록 죽음에 대한 수용 능력이 높지만, 반대로 후회와 상실감이 큰 이들은 죽음을 더 큰 공포로 경험하게 됩니다.

성년기는 가까운 이들의 죽음을 경험하며 자신의 죽음을 성찰

하게 되는 시기로, 삶의 질에 큰 영향을 미칩니다. 죽음에 대한 불안을 극복하려면 매 순간을 의미 있게 살고, 후회 없는 선택과 책임 있는 삶을 실천하는 태도가 필요합니다. 이러한 자세는 죽음을 단절이 아닌 삶의 완성으로 받아들이게 합니다.

기독교 신앙은 삶의 목적을 하나님 안에서 명확히 정립하도록 이끌며, 죽음을 소망과 평안의 여정으로 받아들이게 합니다.

4. 노년기의 죽음

에릭슨의 심리사회적 발달 이론에 따르면, 노년기65세 이상는 인생의 마지막 발달단계로, 개인이 자신의 삶을 돌아보고 그 의미를 성찰하며 자아를 재평가하는 중요한 시기입니다. 이 시기의 핵심 과제는 통합감 대 절망감ego integrity vs. despair으로, 지금까지의 삶을 수용하고 다가오는 죽음을 어떻게 받아들일지 태도를 형성하는 데 있습니다. 노인은 자신이 걸어온 삶의 여정을 뒤돌아보며, 죽음을 더 이상 추상적 개념이 아닌 실질적 현실로 인식하게 됩니다. 신체적, 정신적 기능의 점진적 쇠퇴와 함께 죽음은 생명의 종결이자 세상과의 관계가 끊기는 단절로 다가오며, 이는 두려움, 불안, 분노, 우울, 저항 등의 감정적 반응을 유발할 수 있습니다. 특히, 삶에 미완성이나 후회가 많을수록 죽음을 고통스럽고 허무한 사건으로 받아들이게 될 가능성이 커집니다.

그러나 많은 이들은 어느 시점에 이르러 죽음을 삶의 자연스러운 흐름으로 인식하게 되며, 이러한 인지적 전환은 정서적 평온과 수용으로 이어지기도 합니다. 죽음을 피할 수 없는 보편적 현실로 받아들이는 순간, 오히려 삶의 마지막 여정을 더욱 의미 있고 존엄하게 살아가려는 내적 힘이 생겨납니다. 이는 곧 삶의 마무리가 단지 종결이 아닌, 하나의 성숙으로 나아가는 과정이 됨을 의미합니다. 이러한 전환을 가능케 하는 가장 강력한 내적 자원은 바로 종교적 신앙입니다. 신앙은 노년기에 찾아오는 실존적 불안과 두려움을 따뜻하게 감싸는 위로가 되며, 내면의 깊은 심리적 지지로 작용합니다.

노년기는 자신의 삶을 뒤돌아보며 죽음을 실질적 현실로 받아들이는 인생의 마지막 발달단계입니다. 이 시기에는 삶을 수용하지 못하면 절망에 빠지기 쉬우며, 반대로 수용은 평온과 성숙으로 이어집니다. 그 전환을 가능하게 하는 가장 큰 내적 자원은 종교적 신앙으로, 이는 불안과 두려움을 이겨내는 깊은 위로가 됩니다. 신앙은 삶의 마무리에서도 인간의 존엄을 지키고, 감사하는 태도로 삶을 정리하도록 돕는 내면의 힘이 되어 노년기의 존재를 더욱 빛나게 합니다.

핵심 정리

죽음에 대한 이해는 발달단계에 따라 달라지며, 유아와 아동은 죽음을 제대로 인식하지 못하고, 청소년은 추상적으로 받아들이지만 거리감을 둡니다. 성년기는 주변의 죽음을 통해 실재로서의 죽음을 인식하게 되고, 중년기는 삶에 대한 반성과 함께 불안과 후회를 경험하기도 합니다. 노년기는 죽음을 현실적으로 수용하며 삶을 마무리하는 시기로, 정서적 평온에 이르는 전환이 일어나기도 합니다. 이러한 생애적 흐름 속에서 종교적 신앙은 죽음에 대한 두려움을 완화하고 삶의 목적을 성찰하게 하는 힘이 됩니다.

특히 기독교 신앙은 죽음을 하나님께로 돌아가는 길로 여기며, 이 세상의 끝이 아닌 영원한 생명의 시작으로 받아들입니다. 이 믿음은 죽음 앞에서도 소망과 평안을 품게 하며, 인생의 마지막 순간까지 위로와 희망을 가능하게 합니다.

제3장

종교에서 죽음의 이해

1. 민족종교의 이해와 죽음

- 민족종교들은 각기 고유의 방식으로 의미를 해석한다.
- 죽음에 대한 교리가 정확하지 않아 수용하는 데 한계가 있다.

2. 불교의 이해와 죽음

- 불교는 윤회와 업보를 중심으로 죽음을 이해한다.
- 사후 존재에 대한 교리적 모순은 수행에 확신을 주기 어렵다.

3. 유교의 이해와 죽음

- 유교는 죽음을 효와 예로 받들며, 조상제사를 통해 영혼을 기린다.
- 현세의 도덕 실천을 중시하며, 사후 세계 해석과 차이를 보인다.

한반도 종교 전래의 역사

한반도에 처음 자리 잡은 신앙은 자연과 조상을 숭배하는 샤머니즘(무속신앙)으로, 선사시대부터 사람들의 생활 속에 깊게 스며들어 있었습니다. 이후 4세기경 중국을 경유한 불교가 고구려(372년)에 전래되었고, 이후 백제(384년)와 신라(527년)로 확산되며, 삼국통일 시기에는 국가 종교로 크게 융성하였습니다. 당시 삼국이 불교를 받아들인 배경에는 단순한 종교적 차원을 넘어, 왕권의 신성화와 중앙집권적 통치 체제의 정당성 확보라는 정치적 목적도 함께 작용하였습니다. 고려 시대에 들어서면서 불교는 정치, 문화, 예술 전반에 걸쳐 중심 역할을 하며 높은 종교적 위상을 누렸습니다.

유교는 삼국 시대에 일부 전해졌으나, 본격적인 수용은 조선 건국(1392년) 이후 이루어졌습니다. 새 왕조는 정치적 정당성과 중앙집권 강화를 위해, 유교 중에서도 성리학을 국가 이념으로 삼아 불교를 억제하고 유교적 질서를 정착시켰습니다. 이로써 유교는 한국인의 삶의 방식과 가치관에 깊이 스며들게 되었으며, 조선 사회의 윤리, 교육, 정치 전반에 지대한 영향을 미치게 되었습니다.

도교는 6세기경 중국을 통해 유입되었으며, 고려 시대까지는 불교 및 유교와 함께 공존했으나 조선에 들어와서는 점차 쇠퇴하였고, 민간신앙과 무속신앙 속에 일부 흡수되었습니다.

조선 후기에는 1784년, 이승훈이 중국에서 세례를 받고 돌아온 이후 천주교(로마 가톨릭)가 자생적으로 전파되기 시작했습니다. 그러나 유교적 사회 질서와의 충돌로 인해 여러 차례 심각한 박해를 받았고, 많은 신자가 순교하는 역사를 겪었습니다. 그리고 1883년에 중국 의료선교사로 파송되었던 알렌(Horace N. Allen)은 조선 외국 공관의 의료 요청에 응답해 1884년에 입국했고, 당시 갑신정변 중 위기에 처했던 명성황후의 조카 민영익을 성공적으로 치료함으로써 조선 정부의 신뢰를 얻게 되었습니다. 이로 인해 1885년, 고종의 윤허를 받아 조선 최초의 서양식 병원인 광혜원(廣惠院)이 설립되었고, 14일 후 제중원(濟衆院)으로 명칭 변경, 1904년에는 루이스 세브란스의 후원으로 세브란스병원으로 발전하였으며 기독교 의료 선교의 기반이 마련되었습니다. 같은 해인 1885년, 언더우드(Horace G. Underwood, 장로교)와 아펜젤러(Henry G. Appenzeller, 감리교)가 공식 선교사로 입국하면서 개신교 선교가 본격화되었고, 이들은 교육, 의료, 출판, 독립운동 등 다양한 분야에서 활동하며 근대화와 민족의식 고취에 크게 기여하였습니다.

19세기 말에서 20세기 초에 이르는 국내의 혼란한 상황과 민족적 위기 속에서 여러 민족종교가 등장하였습니다. 1860년 최제우가 시작한 동학은 1905년 천도교로 조직화하였고, 1901년 강일순이 증산교를, 1909년 나철이 단군 숭배를 중심으로 한 대종교를, 1919년 박중빈이 원불교를 설립하였습니다.

한편, 미국에서 유입된 기독교계 이단으로는 제칠일안식일예수재림교(1904년), 여호와의 증인(1912년 문서 유입, 1954년 공식 조직), 몰몬교(1954년) 등이 있으며, 이슬람교는 한국전쟁 당시 참전한 튀르키예 군을 통해 소개되었고, 1955년 서울에 한국이슬람중앙성원이 세워지며 신앙 공동체가 형성되었습니다.

한국에서 세워진 신흥 이단으로는 1954년 문선명의 통일교, 1962년 권신찬(이요한, 유병언, 박옥수)의 구원파, 1964년 안상홍의 하나님의 교회, 1969년 김기동의 성락교회, 1980년 정명석의 JMS, 1982년 이재록의 만민중앙교회, 1984년 이만희의 신천지 등이 있습니다. 이들 사이비 이단 단체는 교주의 독재적 권력 행사와 신도에 대한 경제적, 정신적 착취, 가족 및 사회 갈등 심화 등으로 인해 개인과 사회 전반에 심각한 부정적 영향을 끼치고 있습니다.

제3장

종교에서 죽음의 이해

모든 생명은 시작이 있듯 끝이 있습니다. 그러나 인간은 끝을 단순한 소멸로 받아들이기보다 그 너머를 상상하고 극복하려는 본능적 의지를 품어왔습니다. 죽음이 삶의 끝이 아니라 그 이후에도 존재가 지속된다는 믿음은 내세관의 형성으로 이어졌습니다. 이러한 내세관은 죽음의 한계를 지닌 육체와는 구별되는 영혼의 존재를 전제하며 대다수 종교는 그 교리 체계 속에 죽음에 대한 관념과 사후세계에 대한 비전을 제시합니다.

그러나 종교마다 죽음을 해석하는 시각이 다르고, 이를 받아들이는 태도와 신념도 개인마다 다양합니다. 죽음에 대한 종교적 이해는 각 종교의 인간관, 세계관, 구원론과 밀접하게 연관되어 있으며, 삶과 죽음의 경계를 어떻게 인식하는지에 대한 통찰을 제시합니다.

본 장에서는 한국의 민족종교와 동아시아를 대표하는 불교, 유교에서의 죽음을 살펴봄으로써, 종교 전통에 따른 죽음 이해의 다양성과 공통점을 조명하고자 합니다.

1. 민족종교의 이해와 죽음

민족종교民族宗敎는 단지 오래된 신앙의 형태가 아니라 한국인의 삶과 역사, 정서와 세계관이 깊이 스며 있는 자생적인 고유 종교입니다. 이는 특정 지역과 민족이 오랜 세월에 걸쳐 형성한 생활방식과 자연환경 속에서 자연스럽게 발전해 온 신앙 체계입니다.

오늘날에도 이러한 민족종교는 제의祭儀 문화, 공동체 중심의 의례, 조상 숭배 등의 형태로 살아 있으며, 한국인의 무의식적 신앙 구조 속에 깊이 내재해 있습니다. 특히 무속무속은 주로 문화, 풍습, 전통 신앙을 가리킬 때 사용하며, 무교는 종교 분류나 교리 비교에서 사용하는 용어입니다. 신앙은 이후 천도교, 증산교, 대종교, 원불교 등 근현대 민족종교들이 형성되는 데 있어 중요한 사상적 토대이자 정신적 자양분의 역할을 하였습니다.

본 장에서는 민족종교의 원형이라 할 수 있는 무교가 죽음을 어떻게 이해하고 있는지를 먼저 살펴보고, 이를 바탕으로 각 민족종교들이 죽음을 어떠한 신앙적 시각에서 해석해 왔는지를 살펴보고자 합니다.

» 무교의 이해

무교巫教는 한국의 전통 샤머니즘shamanism으로 특정한 창시자나 경전 없이 자연스럽게 형성된 신앙 체계입니다. 고대부터 인간은 자연에 대한 두려움과 경외심 속에서 보이지 않는 존재를 인식하고, 이를 신과의 교감으로 이어지는 종교 행위로 발전시켜 왔습니다. 무교는 바로 이러한 인간의 본능적인 신앙에서 출발한 종교 형태이며, 한국 사회에 깊은 뿌리를 내려온 토착적 신앙이라 할 수 있습니다. 무당은 신과 인간 사이를 연결하는 중재자로 활동하며 개인의 안녕을 기원하고, 병을 고치며, 삶의 다양한 문제를 해결해 주는 역할을 맡았습니다.

무교의 신앙 체계신앙 대상을 영역, 성격별로 나눈 분류는 크게 천신天神, 지신地神, 인신人神, 잡신雜神으로 구분됩니다. 천신은 하늘과 천체를 주관하는 신으로, 하늘님상제, 태양신, 달신, 별신 등이 속합니다. 지신은 산신, 토지신, 용신, 해신 등 땅과 지형을 다스리는 신입니다. 인신은 조상신, 역사적 영웅신, 의인신처럼 인간이 사후 신격화된 존재입니다. 잡신은 가신성주신, 조왕신, 문신, 업신, 잡령 등 생활 전반에 영향을 미치는 다양한 신을 말합니다.

무교 신앙의 대상실제로 섬기는 구체적 신적 존재은 자연신산, 바다, 나무 등, 조상신돌아가신 선조들이 신격화된 존재, 원령억울한 죽음을 당한 영혼 등으로 하늘과 땅, 인간과 생활 전반에 걸쳐 다양한 신들을 섬기며, 이들과의 교감을 위한 대표적 의식이 바로 굿입니다. 굿은 노래, 춤, 제의, 연극이 어우러진 종합 의례로, 삶의 고통과 소망을 신에게 전달하는 신앙 행위입니다. 무교는 전통적으로 죽음 이후보다는 현세에서의 복과 평안을 중시하는 현세 지향적 성격을 지닙니다.

특히 무교는 시대와 사회 환경에 따라 유연하게 변화해 왔으며, 불교나 유교, 심지어 기독교와도 융합하거나 병존하면서 고유한 정체성을 유지해 왔습니다. 한편, 무교는 체계적인 경전이나 교리가 없기 때문에 신앙의 근거나 삶의 지침이 명확하지 않으며, 이는 신앙의 기준을 혼란스럽게 만들고 체계적인 신앙생활을 어렵게 하는 한계로 지적됩니다.

무교에서의 죽음

무교는 인간을 육체와 영혼으로 이루어진 존재라고 이해하고, 죽음을 영혼이 육체를 떠난 상태로 인식합니다. 무교에서 죽음은 단순히 생명의 종결이 아니라, 영혼의 이탈과 심판, 그리고 또 다른 삶으로의 전환 과정으로 여겨집니다. 무교 신앙은 영혼을 더 세분화하여 생령과 사령으로 나눕니다. 즉 살아 있는 사람의 몸속에 있는 영혼을 생령이라 하고, 죽은 후 저승으로 향하는 영혼을 사령이라고 부릅니다.

사령은 다시 두 가지 유형으로 구분됩니다. 천수를 다하고 편안히 세상을 떠난 후 자손을 보살피는 조상신, 즉 선령善靈과, 비명횡사하거나 한恨을 품고 떠난 뒤 사람들에게 해를 끼치는 원귀冤鬼나 원령怨靈 같은 악령으로 나뉩니다. 무교 신앙에 따르면 죽음은 곧 저승사자를 따라가는 일로 묘사되며, 명부冥府에 있는 최판관이 사망자의 이름이 적힌 소환장을 발부하면 저승사자가 이를 가지고 사자를 데리러 와서 저승으로 인도한다고 믿습니다. 이후 영혼은 명부의 저승 재판관 앞에서 생전의 행위에 따른 선악의 심판을 받고, 공덕이 많은 자는 극락으로, 죄업이 많은 자는 지옥으로 간다고 전해집니다.

무교의 신앙에서는 죽음 이후에 환생의 기회가 주어진다고 믿고 있습니다. 이 환생 개념은 크게 두 가지 측면으로 나누고 있습니다. 선한 업적을 쌓고 공덕을 실천한 영혼은 새나 나비처럼 좋은 형태로 환생할 수 있다고 여깁니다. 반면, 일부 무속 전승에서는 생전에 저지른 죄가 너무 커서 저승에서의 형벌만으로는 모두 갚을 수 없는 영혼은 구렁이, 지네 등 불길한 동물로 환생하는 벌을 받는다고 믿고 있습니다.

무교에서 죽음을 이해하는 방식에는 억울한 죽음, 즉 비명사에 대한 특별한 감정이 자리하고 있습니다. 무속은 본래 사람이 조물주로부터 천수天壽, 곧 타고난 수명을 다하도록 예정되어 있다고 하지만, 악신이나 재앙으로 인해 뜻하지 않게 생을 마감한 경우 그 죽음을 매우 안타깝고 부정적인 사건으로 인식합니다. 특히 비명사한 자들은 저승에조차 들어가지 못하고, 이승과 저승의 경계 지점에서 울부짖으며 떠도는 존재로 여겨집니다. 이들은 저승도, 이승도 아닌 중간 영역에 머무는 유령 혹은 원귀로, 억울함과 한을 품고 방황하는 존재로 간주됩니다.

무교는 죽음을 그 자체로도 한이 남는 중대한 사건으로 인식합니다. 천수를 다한 죽음조차도 완전한 평화에 도달한 것으로 생각지 않으며, 대개는 미처 풀지 못한 감정과 사연이 남아 있다고 여깁니다. 이러한 한을 달래고 영혼을 인도하기 위해 진오기굿, 살풀이굿 등의 다양한 제의가 발전해 왔습니다. 이러한 의례는 죽은 자의 영혼과 산 자의 슬픔을 함께 위로하며, 영혼을 좋은 곳으로 인도하는 중재적 행위로 기능합니다.

무교는 죽음을 필연적인 일로 수용하면서도 여전히 그 이면에 공포, 부정, 애도, 분노와 같은 복합적인 감정을 내포합니다. 무교는 죽음을 두려움과 회피의 대상으로 인식하는 경향이 더욱 강하게 나타납니다. 이러한 무교에서의 죽음에 대한 부정적

인식과 공포는 현대 사회에서도 여전히 영향을 끼치고 있습니다. 이는 죽음을 더 성숙하고 의연하게 받아들이지 못하게 만들며, 죽음을 두려운 사건으로 인식하게 하는 데 일정한 역할을 합니다.

무교의 죽음은 산 자와 죽은 자의 관계와 한을 풀어주고 해소해 주는 일에 중점을 두지만, 미신적 요소가 강하고 두려움을 조장하며, 의례에 지나치게 의존하는 문제가 있습니다. 또한 죽음과 불행의 원인을 초자연적인 힘으로 돌리면서 현실 문제 해결을 회피하고, 윤리적 책임의 약화라는 한계가 여전히 과제로 남아 있습니다.

결론적으로 무교는 인간의 본능적인 종교심에서 비롯된 신앙 형태로, 사후세계나 영혼의 존재에 대한 체계적인 교리를 갖추고 있지 않습니다. 그로 인해 죽음 이후에 대한 이해가 불확실하고 막연하여 오히려 심리적 불안감을 초래할 수 있습니다. 더 나아가 죽음 자체에 대한 공포나 허무감이 심화될 수 있으며, 인간 존재의 궁극적인 물음인 죄와 구원, 죽음 이후의 삶에 대해 명확한 해답을 제시하지 못합니다.

» 천도교의 이해

천도교天道教는 1860년 최제우崔濟愚, 1824-1864, 경상북도 경주시 현곡면 가정리가 하늘로부터 계시를 받았다고 주장하며 시작한 동학東學에서 비롯된 한국의 대표적인 민족종교입니다. 동학은 당시 조선 사회의 혼란과 외세 침략, 그리고 양반 중심의 불평등 구조에 대한 민중의 저항 속에서 형성되었으며, 단순한 종교운동을 넘어 사상적, 사회적 변혁을 지향한 민중운동이었습니다.

최제우는 시천주侍天主, 곧 '하늘님을 모셔라'는 사상을 통해, 모든 인간 안에 신성이 내재해 있다는 급진적인 인간관을 선포했습니다. 이는 단순한 신앙의 외침이 아니라 신분과 계급을 초월한 평등 사상이자 민족의 자주성과 독립 의지를 담은 정치적 선언이기도 했습니다. 그러나 그의 사상은 유교 중심 사회 질서에 대한 위협으로 간주되어 결국 40세의 나이에 처형되었습니다. 그의 묘소는 고향에 자리하고 있습니다.

이후 제2대 교주 최시형은 동학 교리를 체계화하고 전국적으로 포교 활동을 펼치며 교세를 확장시켰고, 이는 1894년 동학농민운동으로 이어져 조선 후기 역사에 중대한 영향을 끼쳤습니다. 제3대 교주 손병희는 1905년, 동학의 반봉건적 이미지를 걷어내고 종교적 정체성을 위해 천도교天道教로 명칭을 바꾸었으며, 교단을 정비하고 3.1운동의 중심 세력으로서 민족운동에 기여했습니다.

천도교의 인내천人乃天 사상은 '사람이 곧 하늘이다'는 믿음을 바탕으로, 모든 인간이 본래 존엄하며 신적인 가치를 지닌 존재임을 강조합니다. 이러한 사상은 천도교가 근대적 민족종교로 발전하는 데 핵심적인 역할을 하였습니다. 그러나 그 교리는 무교, 불교, 도교, 유교 등 다양한 전통이 혼합된 복합적인 구조를 지니고 있어, 전체적인 신앙 체계를 일관되고 체계적으로 이해하는 데 어려움이 따릅니다.

그로 인해 교세가 비교적 약화되었고 오늘날 사회적 영향력은 제한적이라는 평가를 받고 있습니다.

천도교에서의 죽음

천도교는 죽음을 천도天道로 돌아가는 과정으로 이해합니다. 동학의 시천주 사상에서 발전한 천도교는 인간 안에 신성이 내재되어 있으며, 죽음은 인간의 본성이 하늘로 회귀하는 길이라는 철학적 관점을 담고 있습니다.

이러한 죽음 이해는 무교의 조화사상, 불교의 윤회 개념, 유교의 조상 숭배 관념을 통합하면서도, 인간이 하늘에서 왔고 다시 하늘로 돌아간다는 귀환의 세계관에 중심을 둡니다. 죽음은 두려움이나 종말이 아니라 천도 속에 편입되는 변화이자 순환의 일부로 받아들여지며, 이로써 인간의 삶은 일회성이 아닌 우주적 질서 속에서 의미를 갖게 됩니다.

천도교는 죽음을 부정하거나 공포의 대상으로 여기지 않으며, 오히려 죽음을 통해 남은 이들이 죽은 이의 정신을 이어받아 하늘天心의 마음을 실현하며 살아갈 것을 강조합니다. 그러나 천도교는 민족종교와 여러 다양한 종교 요소가 혼합되어 있기 때문에, 죽음 이후의 상태나 영혼의 행방에 대해 구체적이고 일관된 설명이 부족하고 복잡하여 이해하기 어렵다는 한계가 지적됩니다.

» 증산교의 이해

증산교甑山教는 1901년 강일순姜一淳, 1871~1909, 전북특별자치도 정읍시 정우면 객망리이 조선 말기의 혼란한 시기에 시작한 민족종교입니다. 전북특별자치도 완주군 모악산 대원사는 증산교의 발상지로, 이곳에서 본격적인 종교 활동이 시작되어 교단의 기반이 마련되었습니다. 강일순은 신도들 사이에서 상제님으로 불리며 세상의 혼란을 바로잡고 새로운 질서를 세우는 신적 존재로 숭배되었습니다. 그는 생애 동안 천지공사天地公事, 우주의 질서를 정리하는 대우주적 계획라는 종교의식을 통해 우주의 질서를 바로잡고 인류에게 새로운 시대를 열 기틀을 마련했다고 전하지만 1909년 전북특별자치도 김제시 만경읍 화포리에서 질병으로 인해 39세 젊은 나이에 생을 마감했으며, 묘지는 고향에 자리하고 있습니다.

증산교의 핵심 교리 중 하나인 후천개벽은 기존 문명의 한계를 넘어 조화롭고 이상적인 새로운 세상이 도래하는 과정을 의미합니다. 이 개벽은 혼란과 고통을 수반하지만, 궁극적으로 인류가 더 나은 삶을 영위하게 될 것이라는 희망의 메시지를 담고 있습니다. 비록 특정한 연대나 날짜는 제시되지 않지만, 증산교는 세상의 혼란, 재난, 전쟁, 자연재해 등의 징후를 통해 후천개벽의 시대가 가까이 왔다거나 전환기에 진입했다고 해석합니다.

그러나 증산교는 무교 신앙의 신비주의, 불교의 윤회 사상, 도교의 도道, 유교의 윤리 체계 등 여러 전통 종교의 요소를 혼합하여 교리를 구성하고 있기 때문에, 종교적 정체성과 교리적 일관성에 있어 본질적인 한계를 내포하고 있습니다. 경전인 도전道典 역시 교조의 발언과 행적을 후대 신도들이 기록한 2차 문헌에 해당하며, 문헌적 신빙성과 역사적 사실성 측면에서 비판의 여지가 큽니다.

증산교에서의 죽음

증산교는 죽음을 단순한 생명의 종결이 아니라, 인간이 또 다른 차원으로 나아가는 변화의 관문으로 이해합니다. 육체는 사라지지만 정신적 본질은 남아 새로운 세계로 향한다고 이해합니다. 이를 통해 인간 삶을 물리적 세계에 한정하지 않고 우주적 질서 속에서 바라봅니다. 인간은 천지의 조화 속에서 태어나 천명을 실현하는 수행자이며, 죽음은 이 수행을 마친 뒤 후천 세계로 나아가는 관문으로 여겨집니다. 조상과 후손은 끊임없이 연결되어 있으며, 조상의 덕이 후손에게 미치고, 후손의 정성이 조상의 영혼을 돕는다고 믿습니다.

또한 신도神道라 불리는 보이지 않는 세계가 존재하며, 죽은 이들은 이 세계에 머물며 인간 세계와 상호작용을 합니다. 죽은 조상은 후손의 삶에 영향을 미치고, 후손의 정성과 수행은 다시 조상의 신명에 영향을 준다고 여겨집니다. 이러한 관점에서 증산교는 죽음을 우주의 순환 질서 속 하나의 과정으로 인식하며, 인간은 죽음 이후에도 도道의 흐름 속에서 계속 살아간다고 봅니다.

증산교의 핵심 교리인 후천개벽은 인류와 우주가 근본적으로 새롭게 변화하는 대전환의 과정을 의미합니다. 이 교리 안에서 죽음은 단순한 삶의 종결이 아니라, 더 나은 세계로 나아가는 전환점으로 이해되며, 이를 통해 현재의 삶을 더욱 의미 있고 조화롭게 살아가도록 동기를 부여합니다. 또한 증산교는 조상의 영향력과 환생을 인정하며, 인간의 삶이 선조와 후손, 전생과 현생을 관통하는 순환의 흐름 속에 있다고 봅니다.

그러나 증산교의 죽음 관련 교리는 영혼의 이동과 사후세계에 대해 매우 복잡하고 난해한 체계를 제시하고 있으며, 이러한 설명은 과학적 근거나 체계적 논리보다는 신비주의적 요소에 의존하는 경우가 많아 일반인이 이해하기 어려운 측면이 있습니다. 오히려 지나치게 구체화된 설명은 혼란을 초래하기도 하며, 타 종교나 현대 사상과의 융합 가능성에 제약을 주어 대중적 수용에도 일정한 한계를 보이고 있습니다.

» 대종교의 이해

대종교大倧教는 1909년 나철羅喆, 1863-1916, 전라남도 보성군 벌교읍 칠동리에 의해 시작된 민족종교로, 고대 조선의 건국신화에 나오는 단군檀君을 민족의 시조이자 신앙의 중심으로 모시는 단군교檀君教로 출발하였습니다. 일제강점기를 앞둔 시기 홍익인간弘益人間과 재세이화在世理化 이념을 중심으로, 민족 자주성과 도덕적 실천을 강조하며 민족정신을 고취하기 위해 1910년 대종교大倧教라는 새로운 형태로 이름을 바꾸며 주목받기 시작했습니다. 그러나 국권 상실의 암울한 현실 속에서 나철은 1916년 53세의 나이로 민족의 자주와 대종교 신앙의 완성을 위해 백두산 천지 인근에서 단식 자결을 선택했습니다.

대종교는 단군을 숭배의 대상으로 삼아, 한민족의 영적 정체성을 회복하려는 민족운동의 일환으로 전개되었습니다. 단군은 단순한 건국 신화 속의 인물이 아니라, 하늘과 인간 세계를 연결하는 신성한 존재로 재해석되었으며, 하늘의 아들로 태어나 인간 세상에 질서를 세운 신인神人으로 고대로부터 민족의 영적 상징이자 수호신으로 인식되어 왔습니다.

단군 신앙은 고려 시대에 이르러 국가적 제례로 제도화되었고, 조선 후기에도 민간신앙으로 존속했습니다. 이러한 전통 위에서 대종교는 단군을 민족의 정신적 구심점으로 삼아, 과거의 신화적 인물이 아닌 현재의 위기를 극복할 민족정신의 원천으로 삼고자 했습니다.

대종교는 단군을 신격화하여 민족의 영적 구심점으로 삼으며 민족종교로서의 정체성을 확립했지만, 교리와 의례, 구원의 구조가 비교적 단순하거나 충분히 체계화되지 못하였습니다. 또한 민족주의적 성향에 지나치게 편중되어 있고 무교, 불교, 도교, 유교 등의 영향을 받아 보편 종교로서 갖추어야 할 교리와 신앙 체계를 갖추지 못하였고, 구원관 역시 분명히 제시하지 못한 한계가 있습니다. 대종교는 민족종교로서 그 역사적 의의와는 별개로, 현대 종교로서의 지속성과 대중성을 확보하기 어려운 구조적 제약이 있습니다.

대종교에서의 죽음

대종교는 단군을 시조신으로 모시는 민족 중심의 종교로 죽음에 대해 철저히 정신 중심적 시각에서 접근합니다. 대종교에서는 육체는 유한하되, 혼魂과 정신은 사라지지 않고 계속 계승된다고 믿고 있습니다. 이 신앙체계에서 죽음은 생명의 끝이 아니라 민족의 정신적 계보 속으로 편입되는 전환의 계기로 여겨집니다.

대종교는 조상에 대한 공경과 단군 숭배를 중심으로, 죽은 자들을 단순한 개인의 조상이 아닌 민족 공동체의 이상과 정기를 계승하는 존재로 존중합니다. 이러한 조상 인식은 조상을 공동체의 뿌리이자 민족정신의 전승자로 보는 관점으로 유교적 조상제사와 샤머니즘적 신령 숭배가 혼합된 특징을 지닙니다.

대종교는 사후세계를 구체적으로 서술하기보다는, 죽음을 하늘의 뜻으로 받아들이고, 영혼이 우주의 본래 질서로 귀속되는 과정으로 이해하며, 정신의 불멸성과 민족의식의 영속성을 강조합니다. 이는 죽음을 단순한 종말이 아닌 민족의 정체성과 연결된 초월적 귀속으로 보는 시각입니다.

그러나 이러한 상징성과 민족주의적 강조에도 불구하고, 대종교는 죽음과 사후세계에 대한 교리적 체계와 구원론적 해석이 부족하여, 신자들에게 종교적 확신과 실질적 위로를 제공하는 데에는 한계를 드러냅니다. 의례와 신앙의 내용이 비교적 단순하고 체계화되지 않아, 현대적 종교로서의 지속성과 신앙적 설득력 면에서도 구조적 취약성을 지니고 있습니다.

단군신화의 역사성과 종교적 문제점

삼국사기는 고려 중기의 문신 김부식이 편찬한 정사(正史)로, 유교적 역사관에 입각하여 사실 중심의 역사 기록을 지향한 역사서입니다. 반면 삼국유사는 고려 후기의 승려 일연이 집필한 야사(野史)로서, 불교적 인연설, 민간 전설, 신화적 요소를 풍부하게 수록하고 있으며, 설화 중심의 민간 사관이 돋보이는 자료입니다.

삼국유사에 수록된 단군신화는 역사적 사실이라기보다 상징적 의미가 내포된 신화적 서사로 이해되어야 합니다. 이 신화는 고조선의 건국을 둘러싼 정치적 상징을 담고 있으며, 신진 문물 세력과 토착 세력 간의 통합을 암시합니다. 환웅은 외부 문명, 제도, 통치 질서를 대표하며, 곰과 호랑이는 기존의 토착 부족 집단을 상징합니다. 이 가운데 곰이 인간으로 변신한 사건은 새로운 문물에 적응한 토착 세력과의 융합을 의미하며, 환웅과 웅녀의 결합으로 탄생한 단군은 새로운 국가 질서의 출현을 상징합니다.

반면 호랑이의 퇴장은 변화에 적응하지 못한 세력의 소멸을 나타냅니다. 따라서 단군신화는 단순한 신화적 허구가 아니라, 고조선 건국을 문명과 토착의 통합이라는 역사적 흐름 속에서 상징적으로 해석한 건국 신화로 볼 수 있습니다. 이후 이 신화는 일제강점기를 전후하여 민족 정체성의 상징으로 재조명되었으며, 특히 대종교는 단군을 신화적 인물에서 신격화된 실존 인물로 절대화하며 종교적 숭배의 대상으로 삼았습니다. 그러나 이러한 해석은 신화와 역사, 신앙의 경계를 혼란스럽게 만들었다는 점에서 비판적 검토가 필요합니다.

» 원불교의 이해

원불교圓佛教는 1916년 박중빈朴重彬, 1891-1943, 전라남도 영광군 백수읍 길룡리이 시작한 한국 민족종교입니다.

박중빈은 전북특별자치도 부안군에 위치한 봉래정사에서 깨달음을 얻은 후 1924년 불법연구회를 조직하여 교단의 기초를 닦았습니다. 그는 15세에 이웃 마을의 양하운과 결혼하였고, 1943년 52세의 나이로 익산에서 병환으로 생을 마쳤으며, 유해는 전북특별자치도 익산시 중앙총부의 대종사성탑에 안치되어 있습니다. 이후 1947년에 원불교라는 명칭이 공식적으로 사용되었습니다.

원불교는 불교의 전통을 중심으로 하면서도 도교, 유교, 기독교 등 다양한 종교 전통의 요소를 혼합하여 현대적 감각과 조직 체계로 재구성한 한국형 통합 민족종교입니다. 원불교는 '물질이 개벽되었으니 정신을 개벽하자'라는 표어 아래, 물질문명 속에서 정신의 각성과 윤리적 실천을 강조하는 현세적 종교로 자리매김하였습니다. 현세적 구원과 실천 윤리를 핵심 가치로 삼아 생활 속 수행과 사회적 실천을 강조합니다.

그러나 원불교는 종교적 혼합성을 특징으로 하는 만큼 교리의 정체성이 다소 모호하다는 비판을 받습니다. 불교의 세계관과 해탈관을 따르면서도 독자적인 신관인 일원상一圓相을 중심에 두고 있으나, 이 개념의 철학적 깊이와 신학적 모호성으로 인해 일반 신자들이 이해하기 어려운 측면이 존재합니다. 또한 불교 분파인지, 새로운 종교인지 논쟁도 여전히 존재하며, 이는 원불교의 종교적 정체성을 혼란스럽게 하는 요인으로 작용합니다. 내부적으로도 교리 해석과 수행 실천의 방식에 있어 일관성이 부족하여 신자 간 신앙적 결속력이 약화되는 경향이 있으며, 교조 중심주의와 경전 권위에 대한 의존 역시 공동체의 자율성을 제한하는 요소로 지적됩니다.

결과적으로 원불교는 한국 근대사 속에서 교육과 사회운동 등 긍정적 역할을 수행한 바 있으나, 교리의 혼합성과 체계적 미완성, 신관의 모호성, 전통 종교와의 경계 불분명성 등으로 인해 대중적 확산과 종교적 성장 면에서 일정한 한계를 지니고 있는 것으로 평가됩니다.

원불교에서의 죽음

원불교는 인연이 다한 뒤 물질적 세계를 떠나는 자연스러운 이치로 죽음을 받아들입니다. 죽음을 단절이나 비극으로 말하지 않고, 생명의 순환 속에 포함된 하나의 과정으로 간주하며, 궁극적으로는 삶의 태도와 정신적 실천에 더욱 깊은 관심을 둡니다. 원불교는 죽음을 맞이하는 방식보다 살아 있는 동안 어떻게 마음을 닦고 업을 정화하며 공덕을 실천했는가에 신앙의 초점을 맞추고 있습니다.

사후의 영혼에 대해서는 불교의 윤회설과 인과응보 사상을 부분적으로 수용하여, 삶의 행위에 따라 다른 존재로 다시 태어날 수 있지만 인간으로 다시 환생하는 것은 매우 어렵다고 설명하며, 물질세계의 덧없음과 무상함을 강조합니다. 이에 따라 죽음 이후의 상태는 마음공부의 성취도에 좌우된다고 보며, 내면의 정화와 영적 성숙이 해탈과 윤회의 방향을 결정짓는 중요한 요소로 여겨집니다.

그러나 원불교의 사후관은 전반적으로 불확정적이고 모호한 측면이 적지 않습니다. 교단의 기본 경전인 정전正典에도 사후세계에 대한 언급이 있으나, 영혼의 실체, 죽음 이후의 상태, 구원 또는 해탈의 구체적 구조에 대한 체계적인 설명은 부족한 실정입니다. 이는 죽음을 대하는 신자들의 신앙적 불안을 충분히 해소하거나 심리적 위안을 제공하기 어려운 한계로 지적됩니다.

또한 전통 불교의 윤회설과 차별화되는 독자적인 교리 체계가 충분히 정립되지 못하였고, 죽음과 관련된 제의와 신앙 실천 또한 표준화되지 않아, 종교적 일관성과 실천의 체계성에 있어서도 미흡한 부분이 존재합니다. 이러한 한계는 원불교 신자들이 죽음과 사후 존재에 대해 구체적이고 확신 있는 해석을 얻는 데 어려움을 초래하고 있으며, 종교적 정체성과 위로의 기능을 약화시키는 요인으로 작용합니다.

한국의 민족종교들은 죽음을 끝이 아닌 삶의 연장이나 전환으로 해석합니다. 무교는 한을 푸는 데 중점을 두고, 천도교는 하늘로의 순환, 대종교는 민족정신의 계승, 원불교는 수행을 통한 수용으로 죽음을 이해합니다.

이들은 전통 사상의 영향을 받아 형성된 혼합주의적 특성을 지니고 있어, 교리의 체계성과 구체성이 부족합니다. 그로 인해 죽음에 대한 명확한 관점과 심리적 안정을 제공하는 데 한계가 있습니다. 결과적으로 개인에게 신앙적 확신과 위로를 전달하는 데 있어 실질적인 도움을 주지 못하는 경우가 많습니다.

2. 불교의 이해와 죽음

힌두교와 불교의 관계

힌두교(인도의 전통 종교)는 기원전 약 1,500년경 아리아인들이 만든 베다(Veda)에서 시작되었습니다. 겉으로 보면 수많은 신을 섬기는 다신교처럼 보이지만, 그 깊은 사상 속에는 모든 존재가 하나의 궁극적인 실재인 브라흐만(Brahman)과 연결되어 있다는 믿음이 자리하고 있습니다. 다시 말해, 사람과 자연, 그리고 우주 전체가 결국에는 같은 본질에서 비롯되었으며, 그 근원을 브라흐만이라고 부른 것입니다. 이러한 생각은 세상과 만물을 신과 동일시하는 범신론적 특징을 보여 줍니다. 그러나 시간이 흐르면서 제사와 의례가 중심이 되고, 카스트 제도(태어날 때 정해져 바꿀 수 없는 신분 계급 제도, 브라만, 크샤트리아, 바이샤, 수드라)가 종교적으로 정당화되면서 사람들을 억압했습니다. 이러한 현실 속에서 석가모니가 개혁자로 등장하여 힌두교의 윤회(끝없이 생과 죽음을 반복하는 것)와 업(행위의 결과가 미래에 영향을 미친다는 법칙) 사상을 수용하되 새로운 길을 제시했습니다. 그는 신에게 구원을 의탁하지 않고, 집착과 무지를 고통의 원인으로 설명하며 깨달음을 통한 열반의 길을 가르쳤습니다. 불교는 누구든지 수행과 지혜로 해탈할 수 있다고 강조하며, 억눌린 이들에게 자유와 희망의 메시지를 전했습니다.

이에 비해 힌두교는 신분과 제사를 통해 구원의 문을 제한하며 불평등을 강화했습니다. 인도 사회는 카스트 제도를 굳건히 유지했고, 정치권력도 힌두교를 정통성의 기반으로 삼았습니다.

불교는 힌두교를 개혁하며 초기에는 왕조와 일부 후원자들의 지지를 받으며 번성했으나, 시간이 흐르면서 힌두교의 포용력, 사회구조의 압력, 정치적 후원의 상실, 그리고 수행 중심의 특성 때문에 점차 대중적 기반을 잃어 갔습니다. 그 결과 불교는 힌두교에 흡수되어 인도 땅에서는 쇠퇴했지만, 그 정신은 국경을 넘어 동아시아(중국, 한국, 일본, 티베트, 몽골-대승불교)와 동남아시아(미얀마, 태국, 스리랑카, 캄보디아, 라오스, 베트남-초기 불교)에서 꽃피우며 세계 종교로 확장되었습니다. 이것은 고통을 넘어 자유와 평화를 향해 나아가려는 영혼의 간절한 갈망이 역사 속에서 다양한 모습으로 계승되고 있음을 보여주는 증언이라 할 수 있습니다.

불교의 윤회, 업, 극락 사상

불교에서 말하는 윤회(輪廻)와 업(業)은 불교만의 독창적 사상이 아닙니다. 이 개념은 고대 인도와 페르시아를 비롯한 여러 종교 전통 속에서 공유되어 왔습니다. 예를 들어, 힌두교는 가장 오래된 윤회, 업 사상을 지니고 있으며, 자이나교는 업을 영혼에 부착된 물질로 이해합니다. 조로아스터교는 불교식 윤회와는 다르지만, 행위에 따라 사후 심판이 주어진다고 가르칩니다. 또한 티베트 전통 종교와 일부 신흥종교, 그리고 한국의 민족종교(무교, 천도교, 증산교, 대종교, 원불교)들 역시 이와 유사한 사상을 교리에 포함하고 있습니다.

불교는 이러한 종교적 배경 위에서 출발했지만, 기존 인도 종교가 전제한 영혼불멸 사상을 과감히 배제하고 무아(無我)를 핵심 교리로 삼았습니다. 즉 고정된 자아가 없더라도 업에 따라 윤회가 가능하다는 새로운 해석을 제시했습니다. 그리고 팔정도와 사성제 같은 실천 중심의 수행법을 통해 윤회와 업 사상을 일상적 윤리와 수행 체계로 정립하고 대중적으로 확산시켰습니다.

그러나 이 사상에는 몇 가지 중요한 한계가 있습니다. 첫째, 도덕적 숙명론의 위험입니다. 현재의 고통과 불행을 전생의 업으로만 해석하면, 사회 구조 속 악과 불의에 저항할 동기가 약화될 수 있습니다. 억울한 피해자가 스스로를 탓하거나, 가해를 묵인하는 왜곡된 상황이 발생할 수 있습니다. 둘째, 구원의 불확실성입니다. 수많은 생을 거쳐야 해탈에 이를 수 있다는 관념은 구원의 시급성과 확실성을 약화시키며, 개인의 영적 안정감과 소망을 흐리게 합니다.

또한 불교에서 말하는 해탈은 특정한 장소로 가는 것이 아니라,

더 이상 어떤 세계에도 태어나지 않는 상태를 뜻합니다. 하지만 불교가 무아를 주장하면서도 업의 연속성을 말할 때, 고정된 '나'가 없다면 누가 업을 짓고 그 결과를 받아 윤회하느냐는 의문이 제기됩니다. 이 철학적 긴장은 불교 내부에서도 쉽게 해소되지 않으며, 자아 정체성의 모순이라는 비판을 불러옵니다.

결국 윤회와 업 사상은 인간의 삶과 도덕을 설명하려는 깊은 사유의 결과물이지만, 그 안에는 해결되지 않은 근본적 한계와 자아 정체성의 모순이 공존하고 있습니다.

불교에서 말하는 극락(極樂)은 아미타불이 다스리는 서방정토에 존재한다고 전해집니다. 경전에서는 이 극락이 인도에서 서쪽으로 10억 8,000만 리 떨어져 있다고 합니다. 이를 거리로 환산하면 약 7억 2천만km에 해당합니다. 그러나 이 거리를 실제 지구 크기와 비교해 보면 모순이 드러납니다. 지구 둘레가 약 4만km이므로, 7억 2천만km는 지구를 약 18,000번이나 도는 거리입니다. 결국 그렇게 이동해도 다시 인도로 돌아오게 되며, 경전이 말하는 서방정토라는 실재 땅을 발견할 수 없습니다.

따라서 인도 서쪽 어딘가에 실제로 존재하는 하나의 세계가 극락이라는 주장은, 물리적, 지리적 관점에서 실현 불가능하며, 문자 그대로 받아들이기에는 허황된 주장임을 알 수 있습니다. 이 때문에 불교의 극락은 실제 지리적 위치를 가진 세계라기보다 신앙과 수행에 동기를 부여하고 사람들을 선한 길로 이끌기 위해 설정된 교화적 상징으로 이해하는 것이 타당합니다. 즉 아미타불이 다스리는 서방정토 이야기는 불자들이 바른 삶과 선행을 실천하며, 수행을 통해 고통이 없는 이상 세계를 소망하도록 이끄는 종교적 장치의 성격이 강합니다.

» 불교의 이해

불교佛教는 기원전 6세기경, 인도 북부 카필라 왕국현재의 네팔 지역에서 태어난 고타마 싯다르타Gautama Siddhartha, 약 B.C 563-483의 깊은 성찰과 실존적 깨달음에서 비롯된 종교입니다.

그는 부유한 가정에서 태어나 왕자로서 부족함 없이 성장하여 16세에 야소다라Yasodharā와 결혼하여 아들 라훌라Rāhula를 낳았습니다. 그는 어느 날 궁 밖 세상에서 늙고 병들어 죽는 인간의 실상을 마주하게 됩니다. 이를 통해 인간 존재의 본질에 대해 깊은 의문을 품은 그는 결국 모든 세속적 안락을 뒤로한 채 29세에 출가하여 진리를 탐구하기 시작합니다.

그는 6년간의 수행 끝에 보리수 아래에서 깊은 선정에 들고 마침내 깨달음을 얻어 부처佛陀, 즉 깨달은 자가 되었습니다. 그가 통찰한 핵심은, 삶은 고통苦이며, 그 고통은 집착執着에서 비롯된다는 것이었습니다. 부처는 이러한 고통에서 벗어나기 위한 해탈解脫의 길로서 사성제四聖諦와 팔정도八正道를 제시하고, 약 35년 동안 교리를 설파한 뒤 80세에 순다라수닷타라는 사람의 초대를 받아 식사돼지고기, 혹은 버섯류를 한 후 심한 복통과 설사, 즉 이질과 유사한 증상식중독을 앓기 시작했고, 인도 쿠시나가르Kusinagar, 대표적 성지에 도착해 나무 아래에서 평온히 열반에 들었습니다. 그의 화장된 유골은 당시 인도 지역의 8개 부족 국가에 나누어져 분배되었고 이 사리들은 각각 불탑에 안치되어 신앙의 상징으로 숭배되었습니다.

불교는 본질적으로 삶의 고통을 이해하고 극복하는 방법을 제시하는 종교입니다. 여기서 고苦는 단순한 신체적 고통을 넘어 변화와 상실, 불만족, 집착 등 인간이 겪는 모든 심리적 불안정함을 포함합니다. 이러한 고통의 원인을 근본적으로 끊기 위해 불교는 모든 것이 무상無常하며, 고정된 자아는 존재하지 않는다無我는 진리를 강조합니다.

불교는 신이나 창조주에 의존하기보다는 자신의 마음을 관찰하고 수행을 통해 진리를 체득하는 종교입니다. 이 때문에 불교는 어떤 면에서 철학적이고 실천적인 길을 강조하며, 인간 스스로의 내면적 변화와 해방을 강조합니다. 지혜智慧, 자비慈悲, 수행修行이라는 세 가지 요소는 불교인이 걸어가는 해탈의 여정에서 중심이 되는 가치들이라고 할 수 있습니다.

불교는 시간이 흐르면서 다양한 문화권에 전파되어 여러 흐름으로 분화되었습니다. 초기 불교소승불교는 개인의 수행과 해탈에 중점을 두었지만, 이후 등장한 대승불교는 모든 중생의 구제를 위한 보살행菩薩行을 중심으로 더 포용적이고 공동체적인 방향으로 나아갔습니다.

그러다 시간이 지나면서 기원후 1세기 무렵, 그리스와 인도의 문화가 융합된 간다라 지역에서 인체 형상의 불상이 처음 조성되기 시작했습니다. 이로 인해 초기 불교가 강조했던 가르침과 실천 중심의 성격에 변화가 생겼고, 불상은 부처의 깨달음과 자비를 상징하는 신앙의 매개체로 자리 잡았습니다. 그 결과 불교는 점차 불상을 중심으로 한 예배 형태를 포함하면서, 형상 숭배적 요소가 강화된 종교로 변질하게 되었습니다.

한국 불교는 4세기 고구려372년에 처음 전래되어, 이후 백제384년와 신라527년를 거쳐 삼국의 국가적 사상으로 자리 잡았습니다. 고려 시대에는 교학과 선의 통합을 통해 전성기를 누렸고, 조선 시대에는 유교 중심의 정책 속에서 억압을 받으며 산중 불교로 남게 되었습니다. 일제강점기의 영향은 오늘날까지 이어져 불교 제도와 문화에 깊은 흔적을 남겼습니다.

한국 불교는 본래의 수행 중심적 정체성을 점차 상실하며 다양한 구조적 문제들에 직면하고 있습니다. 세속화된 종단 운영, 일부 승려들의 윤리적 일탈, 폐쇄적인 조직 구조는 종교적 신뢰를 훼손시키고 있으며, 불공과 기복祈福신앙건강, 재물, 성공, 장수 등 현세적인 욕구 충족의 수단 풍조는 불교의 내면적 깊이를 약화시키고 있습니다.

불교에서의 죽음

불교에서는 죽음을 단순한 소멸이나 종결이 아닌, 삶의 또 다른 국면으로 넘어가는 변화 과정으로 봅니다. 생명과 죽음은 분리된 사건이 아니라 윤회라는 큰 생명 순환의 일부로, 개인이 지금까지 쌓아온 행위와 의도인 업業에 따라 다음 생으로 이어진다고 여깁니다. 즉 태어나기 전에도 삶이 있었고, 죽음 이후에도 존재가 완전히 사라지지 않으며, 어떤 존재로 다시 태어날지는 살아가면서 쌓은 업에 달려 있다는 것입니다. 따라서 불교에서는 죽음을 인생의 끝이 아닌 이전 삶의 결과이자 다음 삶으로 나아가는 연결점으로 이해합니다.

불교의 핵심 교리 중 하나인 무상無常은 모든 것이 끊임없이 변화하며 영원한 것은 없다는 진리를 의미합니다. 죽음 또한 이러한 변화의 한 부분일 뿐이며, 무상을 깨닫는 것은 인생을 헛되이 보내지 않도록 돕고, 언제 끝날지 모르는 삶을 지금 이 순간 깨어있고 의미 있게 살아가도록 가르칩니다. 무아無我 사상은 '나'라고 여기는 자아가 고정된 실체가 아니라, 색色, 수受, 상想, 행行, 식識이라는 다섯 가지 요소가 일시적으로 결합된 것임을 밝힙니다. 이 오온五蘊은 끊임없이 변하고 죽음과 함께 해체되지만 완전한 소멸이 아니라 업業에 의해 새로운 오온으로 다시 태어나 존재가 이어집니다. 이처럼 불교는 자아의 연속성을 인정하면서도 고정된 자아 개념은 부정하는 독특한 관점을 제시합니다.

나아가 불교에서 죽음은 윤회 이상의 의미를 지닙니다. 중생은 욕망, 분노, 어리석음에 얽매여 생사의 반복 속에서 고통받지만 수행을 통해 이러한 속박에서 벗어나면 다시 태어나지 않는 상태에 이르게 됩니다. 이를 열반涅槃이라 하며 모든 괴로움에서 벗어나 완전한 자유와 평화를 누리는 궁극적 해방의 경지입니다. 불교는 이 열반에 도달하는 것을 삶과 죽음의 최종 목표로 삼고 있습니다.

한편, 불교는 실천적 차원에서 죽음을 매우 중요하게 다룹니다. 임종 시에는 염불이나 경전 독송을 통해 고인의 마음이 평온을 유지하도록 돕습니다. 특히 티베트 불교에서는 죽음 이후 약 49일 동안 이어지는 바르도bardo 상태를 강조합니다. 이 기간은 중간 세계에 머무는 시기로, 유족의 기도와 수행이 망자의 다음 삶에 긍정적인 영향을 줄 수 있다고 봅니다. 하지만 불교의 핵심 사상 중 하나인 무아, 즉 자아가 실체로 존재하지 않는다는 교리에 따르면 죽은 후에 영혼이 존재하며 49일간 떠돈다는 개념은 교리적 모순으로 지적되고 있습니다. 또한 과도한 경제적 부담으로 비판을 받기도 합니다.

불교의 죽음 이해는 윤회와 업보 개념을 중심으로 전개되지만, 무아無我를 강조하면서도 윤회와 사후 존재의 지속성을 설명하는 데는 교리적 모순이 존재합니다. 이로 인해 사후세계에 대한 철학적 깊이는 있지만, 신자들에게 신앙적 확신을 제공하는 데는 한계가 있습니다.

또한, 해탈은 이론상 존재하는 이상적이고 추상적인 경지로서 일반 신자가 실현하기 어렵고, 열반 상태에 대한 구체적 설명이 부족하여 이해와 실천에 어려움이 따릅니다. 이로 인해 불교의 죽음관은 삶과 거리감이 크고, 종교적 위안으로서의 기능에도 제한적입니다.

3. 유교의 이해와 죽음

유교가 세계로 확산되지 못한 이유

중국은 역사 속에서 비단, 도자기, 화약, 나침반, 인쇄술과 같은 눈부신 발명품을 실크로드를 통해 서역에 전하며 세계 문명의 발전에 크게 기여했습니다. 그러나 이러한 물질문명의 찬란한 성취와는 달리, 중국의 핵심 사상인 유교와 도교는 국경을 넘어 널리 확산되지 못했습니다. 그 이유는 무엇보다 유교의 본질적 성격에 있습니다. 유교는 각자의 신분과 역할을 철저히 지키도록 가르쳤고, 이를 중국 중심의 중화사상과 결합시켰습니다. 이러한 배타적이고 민족 중심적인 성향은 다른 문화권의 공감을 얻기 어려웠습니다. 더욱이 유교는 국제관계에서도 불평등한 질서를 적용하여, 중국과 외교 관계를 맺는 나라는 황제를 천자로 받들고 조공을 바치며 사실상 2등 국가의 지위를 인정해야 했습니다. 일부 국가는 이를 받아들였으나 많은 국가는 자존심과 독립성을 지키기 위해 거부했습니다.

이에 비해 같은 시대에 형성된 불교는 모든 사람의 평등과 자비를 내세워 신분이 낮은 사람들에게도 희망과 위로를 주었습니다. 이러한 보편적이고 포용적인 성격 덕분에 불교는 국경과 문화를 넘어 폭넓게 퍼질 수 있었습니다. 한때 서양의 계몽사상가들은 중국의 정치 제도와 유교 사상을 높이 평가했지만, 근대에 들어 자유와 인권을 중시하는 사상의 물결은 곧 유교의 한계를 넘어섰습니다.

무엇보다 유교는 현세의 도덕과 사회 질서 유지에는 탁월했으나 내세에 대한 교리적 명확성이 부족했습니다. 죽음 이후의 세계와 심판, 그리고 구원에 관한 구체적 가르침이 결여되어 있었기에 전 인류가 함께 공감하고 소망할 수 있는 보편적 메시지를 제시하지 못했습니다. 결국 유교는 국가 통치 이념으로서는 강력했지만, 전 인류적 종교로 확산되기에는 내세에 대한 교리적 토대와 구조적 완전성이 부족했습니다.

오늘날 유교는 중국과 일부 주변국에서 전통과 제도로 명맥을 이어가고 있을 뿐, 세계적 보편 사상으로 자리 잡지 못한 채 그 영향력은 제한된 범위에 머물고 있습니다. 이는 한 사상이 세계 속에서 종교로 자리 잡기 위해서는 단지 사회 질서를 유지하는 도덕규범을 넘어, 인류 모두에게 공통된 궁극적 희망과 구원의 비전을 제시해야 함을 시사해 줍니다.

» 유교의 이해

유교儒教는 기원전 6세기경, 고대 중국 춘추시대의 혼란한 시대적 상황 속에서 등장한 사상 체계입니다. 그 중심에는 공자孔

子 B.C 551-479, 중국 산둥성 곡부시가 있었습니다. 공자의 부인은 구체적 기록이 없으나, 공리孔鯉라는 아들이 있었고, 그의 손자 자사子思는 유가 사상의 중요한 계승자가 되었습니다. 공자는 73세로 생을 마감했으며 묘소는 중국 산둥성 취푸시에 위치한 공림孔林, Kong Lin 에 자리하고 있습니다.

공자는 무너져가는 도덕과 질서를 회복하고자 인간 본연의 도리와 사회적 책임을 강조하는 도덕적 사유를 전개하였습니다. 유교는 처음부터 특정한 신을 믿는 종교라기보다는 도덕과 윤리, 그리고 사회 질서 확립을 위한 철학적 사상으로 출발하였습니다.

공자가 강조한 핵심 개념은 인仁과 예禮였습니다. 인은 사람을 사람답게 하는 내면의 도덕적 본질이며, 예는 인간관계를 조화롭게 유지하기 위한 외적 규범이었습니다. 이 두 가지는 유교의 기초를 이루며, 이후 맹자B.C 372-289와 순자B.C 313-238 등 여러 사상가들에 의해 더욱 구체화되고 발전하게 되었습니다. 유교는 한나라 시기에 들어서면서 국가의 공식 이념으로 채택되었고, 오랜 세월 동안 정치와 교육, 윤리의 근간이 되며 동아시아 문화권 전반에 지대한 영향을 끼쳤습니다. 유교를 단순히 철학으로만 규정하기 어려운 이유는, 그 안에 종교적 요소가 깊이 스며들어 있기 때문입니다. 유교의 종교성은 조상 숭배와 제사 의례를 통해 더욱 분명하게 드러납니다. 유교는 죽은 조상의 영혼이 여전히 자손의 삶에 영향을 미치는 것으로 보고, 정기적인 제사와 제례 의식을 통해 그 영혼을 기리고자 했습니다. 제사의 목적은 단순한 추모를 넘어, 가족 공동체의 질서와 연속성, 그리고 삶과 죽음의 연결성을 확인하는 데 있습니다. 유교적 제례는 단순한 민속 의식이 아니라 도덕과 종교가 만나는 지점이라 할 수 있습니다.

또한 유교는 인간을 도덕적 수양의 주체로 보고, 구원의 문제를 외부의 신에게 맡기기보다는 자기 수양을 통해 이상적인 인간이 되는 길을 제시합니다. 공자에게 있어서 성인은 하늘이 정한 도리에 따라 살아가는 모범적인 인간상이었으며, 이를 실현하기 위해 개인은 꾸준한 수양과 실천을 감당해야 했습니다. 유교는 인간이 본래 선한 성정을 가지고 태어났으며, 교육과 실천을 통해 스스로 완성될 수 있다고 보았습니다.

이러한 관점에서 유교는 현세 중심의 윤리적 종교로서, 도덕적 삶의 완성과 사회 질서 유지를 종교적 실천의 중심으로 삼습니다. 성경 같은 계시된 경전이 있는 것은 아니지만, 유교는 사서오경四書五經이라는 경전을 중심으로 그 가르침을 전수해 왔습니다. 이 경전들은 인격 수양과 정치 윤리, 사회 질서 등을 다루며 유교 사상의 기반이 되었습니다.

결국 유교는 종교성과 철학성이 혼합된 독특한 전통으로 자리 잡고 있습니다. 절대자에 대한 믿음보다는 인간의 도덕적 가능성과 공동체 질서에 대한 신뢰를 바탕으로 한 유교는, 종교로서의 외형보다는 내면의 수양과 실천을 중시하는 종교적 사유로 이해될 수 있습니다. 유교는 신을 의지하지 않고도 경건한 삶을 가능하게 한다는 점에서, 도덕을 중심으로 한 실천적 종교라 할 수 있습니다.

유교는 전통적으로 가족 중심의 윤리와 사회 질서를 강조하며 동아시아 문화에 깊은 영향을 미쳤지만, 현대 사회에서는 여러 가지 한계에 직면하고 있습니다. 특히 한국 유교는 남성 중심의 가부장제를 정당화하는 데 영향을 미쳤고, 여성의 제사 참여를 제한하며 성차별의 구조적 기반으로 작용했습니다. 이러한 관행은 성평등을 중시하는 현대적 가치와 충돌하고 있습니다.

또한 유교의 위계적 사고방식과 권위주의적 문화는 때때로 권력 남용이나 사회적 부조리를 정당화하거나 은폐하는 수단으로 악용되기도 했습니다. 더불어 유교는 빠르게 변화하는 현대 사회에서 젊은 세대에게 구시대적 전통으로 여겨지며, 실생활과 동떨어진 낡은 관념으로 인식되는 경우가 많습니다. 이러한 흐름 속에서 유교는 종교라기보다는 생활 윤리와 도덕적 규범으로 재조명되고 있으며, 현대 사회의 변화에 부응하는 새로운 가치 체계로의 재정립이 요청되고 있습니다.

유교에서의 죽음

유교에서 죽음은 인간이 마주해야 할 자연스러운 삶의 한 부분으로, 하늘의 질서와 이치 안에서 수용해야 할 필연적인 과정으로 이해됩니다. 유교는 본질적으로 삶의 도리를 중시하는 사상이기에 죽음을 어떻게 맞이할 것인가에 더 큰 의미를 둡니다.

공자가 '삶도 모르는 자가 어찌 죽음을 알 수 있겠는가'논어 선진 11:12라고 했듯이, 유교는 죽음을 깊이 철학적으로 탐구하기보다는 이 세상에서 어떻게 바르게 살 것인가를 먼저 고민합니다. 인간으로서 마땅히 실천해야 할 효孝와 예禮를 통해 죽음 앞에서도 품격과 도리를 지키는 삶의 완성을 강조한 것입니다. 죽음은 신비하거나 초월적인 현상이 아니라 하늘이 내린 운명을 겸허히 받아들이는 과정으로 여겨집니다.

죽음 이후의 세계에 대해서 유교는 구체적인 설명을 제공하지 않습니다. 천국이나 지옥, 윤회와 같은 개념은 유교적 사고의 중심이 아니며, 초월적 세계보다는 현실 세계에서의 관계와 책임을 중시합니다. 죽은 자와 산 자를 연결하는 중요한 매개는 제사입니다. 조상에게 드리는 제사는 단순한 의례가 아니라, 도리와 예를 실천하는 윤리적 행위이며, 조상을 존중하고 가족 공동체의 지속성을 유지하려는 문화적 장치입니다.

이와 관련하여, 유교의 상례 제도인 삼년상三年喪은 유교의 죽음관을 잘 드러냅니다. 자식이 부모를 여읜 후 3년간 애도하며 조용히 살아가는 이 관습은 단순한 슬픔의 표현이 아니라, 인간관계의 지속성과 도덕적 책임을 실천하는 하나의 방식입니다. 죽음을 삶의 연장선으로 바라보며, 예禮를 통해 마지막까지 관계를 완성하고자 하는 유교적 정신이 담겨 있습니다.

유교는 죽음을 회피하거나 부정하지 않습니다. 오히려 죽음을 어떻게 받아들이고 남겨진 이들이 어떤 태도로 고인을 기릴 것인가에 관심을 둡니다. 유교에서는 자신의 수명을 다하고 덕을 갖춘 삶을 마무리한 평온한 죽음을 이상적인 형태로 보며, 반대로 도리를 다하지 못하고 사회에 해를 끼친 죽음은 불행하거나 부도덕한 죽음으로 간주됩니다.

결국 유교의 죽음관은 단순한 소멸이 아니라 윤리적이며 사회적 의미를 담은 실천적 개념입니다. 이러한 관점은 오늘날까지도 한국을 비롯한 동아시아 문화권의 장례 풍습과 죽음에 대한 인식에 깊이 영향을 미치고 있습니다. 유교는 죽음을 단순한 생명의 끝이 아니라, 삶의 도덕적 평가이자 윤리적 실천의 마지막 단계로 바라보며, 이러한 인식은 오늘날에도 여전히 문화적 유산으로 자리하고 있습니다.

유교의 제사 문화는 조상의 영혼이 사후에도 계속 존재하며 그 영혼이 자손의 삶에 영향을 미친다는 신념에 기반합니다. 그러나 유교 본래의 가르침은 현세에서의 윤리 실천과 인간 중심의 도덕 수

양을 강조하기 때문에 사후세계 중심의 해석과는 거리가 있습니다.

그럼에도 제사는 점차 형식화되고 신성시되면서 본래 취지에서 벗어나 교리적 혼선을 일으켰고, 삶의 윤리적 성찰을 이끄는 기능보다는 종교적 형식성에 치우친 한계를 드러내고 있습니다.

핵심 정리

민족종교들은 죽음을 단절이 아닌 새로운 삶의 단계로 보고, 다양한 의례를 통해 죽은 이와 산 자의 연결을 강조합니다. 그러나 지나친 신비주의와 상업화로 인해 현대적 감각과는 거리가 있습니다.

불교는 무아無我 사상을 중심에 두면서도 윤회와 업보 개념으로 죽음 이후를 설명해 논리적 모순을 낳고, 49재 등의 의례가 경제적 부담과 비판을 초래하기도 합니다. 유교는 죽음을 자연스러운 삶의 과정으로 여기며 제사를 통해 윤리와 질서를 중시하지만, 권위주의적 구조, 성 역할 고정, 의례의 형식화가 문제로 지적됩니다.

이처럼 각 사상은 고유한 죽음관을 갖고 있으나, 현대 사회의 가치관과 현실적 요구를 충족시키기에는 교리와 제도 면에서 여러 한계가 존재합니다.

미신과 우상의 차이점

미신(迷信)은 과학적이거나 합리적인 근거가 없음에도 불구하고, 인간이 불확실한 미래에 대한 불안이나 내면의 두려움을 극복하기 위해 만들어낸 비이성적 신념 체계입니다. 사람들은 특정한 사물이나 행동이 자신의 운명에 영향을 미친다고 믿으며, 부적, 점술, 사주팔자, 풍수지리, 길흉화복에 집착하면서 그 신념을 실천합니다. 이러한 미신은 인간의 연약함에서 비롯된 심리적 의존의 표현이며, 진리를 추구하기보다 일시적인 위안을 찾으려는 왜곡된 신앙의 모습이라 할 수 있습니다. 정재승(KAIST, 뇌과학자) 교수는 《열두 발자국》에서, 미래라는 굉장히 통제하기 어렵고 예측하기 힘든 상황에서 그것을 통제하기 위해 인과관계를 억지로 갖다 붙여 마음의 위안을 얻으려는 것이라며, 사람들이 미신을 따르는 심리를 설명합니다.

우상(偶像)이란 인간이 만든 형상이나 사물에 신적인 권위와 의미를 부여하고 그것을 경배하거나 섬기는 행위를 말합니다. 이는 나무나 돌로 만든 조각상 숭배에 국한되지 않으며, 오늘날에는 더 추상적인 가치와 욕망을 통해 다양한 형태로 나타납니다. 예를 들어, 돈(안정감에 대한 추구), 권력(지배와 통제의 욕구), 명예(타인에게 인정받고자 하는 욕구), 쾌락(육체적, 정신적 만족의 집착), 문화와 사상(특정

이념과 가치관의 절대화), 사랑(관계에서 삶의 의미를 찾음), 자녀(존재의 이유와 미래의 소망) 등은 모두 그 자체로는 선한 것이 될 수 있지만 하나님보다 앞설 때 우상이 됩니다.

미신과 우상은 모두 하나님 외에 다른 존재나 대상을 의지하거나 경배한다는 점에서 공통된 본질을 지니고 있습니다. 이는 하나님의 자리를 대신하려는 시도이며 하나님의 주권을 부정하는 심각한 죄입니다. 이러한 행위는 우리의 영혼을 속박하고, 참된 자유와 평안을 빼앗는 영적 사슬이 되며, 하나님의 진리와 영광을 가리는 어둠의 그림자로 작용합니다.

미신은 보이지 않는 두려움과 불확실성 속에서 인간이 만들어낸 허상이며, 우상숭배는 피조물에 신적인 의미를 부여하며 경배하는 행위로, 모두 하나님을 떠난 인간의 연약함과 교만을 드러냅니다. 그러므로 우리는 우리의 생명을 주관하시고 이 땅에 보내신 참된 주인이신 하나님만을 믿고 예배할 때, 비로소 영혼의 자유와 평안, 그리고 참된 생명과 기쁨을 누릴 수 있습니다.

그 길이 바로 생명의 길이며, 진정한 행복으로 가는 길입니다.

운명은 정해져 있지 않다

운명(運命)은 움직일 운(運)과 목숨 명(命)으로 이루어진 말입니다. 인생은 끊임없이 움직이고 변화하는 여정입니다. 운명은 고정된 것이 아니라, 각자가 만들어가고 극복해 나가는 이야기입니다. 우리의 의지와 환경에 따라 그 방향은 언제든지 달라질 수 있습니다.

운명론은 모든 일이 이미 정해진 법칙에 따라 일어나며, 인간의 의지로는 아무것도 바꿀 수 없다는 믿음입니다. 이런 생각에 빠진 사람은 원치 않는 불행이 반복되면 결국 "될 대로 되라"는 태도로 살아가게 됩니다. 하지만 운명은 정해진 것이 아니라 스스로 만들어 가는 것입니다. 벤저민 프랭클린(Benjamin Franklin, 1706-1790. 미국의 정치가, 과학자, 발명가, 작가)이 "죽음과 세금 말고 확실한 것은 없다"라고 했듯, 인생의 길이는 우리가 끝까지 살아보고 판단할 문제입니다. 스스로 한계를 정하지 말아야 합니다.

사람은 매 순간 수많은 선택의 갈림길에 서 있습니다. 어디로 가야 할지, 어떻게 살아야 할지 결정하는 것은 나의 몫입니다. 환경이 어렵다고, 과거가 아프다고 내 미래까지 정해져 있는 것은 아닙니다. 이러한 생각은 스스로를 감옥에 가두는 것에 불과합니다. 재능과 열정을 모아 목표를 세우고, 행동으로 옮길 때 인생은 비로소 움직이기 시작합니다. 성실함은 미래를 밝히는 등불이며 뿌린 대로 거두는 법칙은 변하지 않습니다.

기독교에서는 예정론을 말합니다. 예정론은 인간이 선택할 수 없는 부분과 선택할 수 있는 부분이 있음을 인정합니다. 태어남, 성별, 시대, 민족 등은 내가 정할 수 없는 부분입니다. 하지만 어떻게 살 것인지는 나의 선택에 달려 있습니다. 하나님은 우리가 성실하고 지혜롭게 판단하며 살기를 원하십니다.

하나님은 우리에게 자유의지를 주셨고, 우리가 내린 선택에 따라 삶의 열매를 맺게 하십니다. 그러나 인간의 노력만으로는 한계가 있기에 하나님의 은혜 없이는 참된 변화와 성장은 어렵습니다. 산속의 아름다운 나무와 땅속의 대리석이 그대로 아름다운 가구나 궁전이 되지 않는 것처럼, 주어진 자원과 은혜를 받아들이고 함께할 때 비로소 빛을 내게 됩니다. 페달을 밟지 않으면 자전거는 곧 쓰러지듯 게으름과 불평은 인생을 무너뜨리는 무기입니다. 반면 부지런함과 감사, 그리고 하나님의 은혜를 힘입은 신실함은 우리를 앞으로 나아가게 합니다.

하나님의 예정론 안에서 우리는 정해진 법칙에 갇힌 존재가 아닙니다. 자유의지를 지닌 연주자로서 하나님의 은혜와 함께 자신만의 아름답고 값진 인생을 연주해 나가야 합니다.

제4장

기독교적 죽음의 이해

1. 구약성경에서의 죽음

- 구약성경은 죽음을 죄의 결과이자 심판으로 본다.
- 삶의 평안은 죽음을 은혜와 축복으로 이해한다.

2. 신약성경에서의 죽음

- 복음서는 부활을 죽음 너머 구원과 영생의 시작으로 본다.
- 바울은 죽음을 부활로 이어지는 소망의 통로로 이해한다.

3. 신학적인 죽음

- 교부들은 죽음을 죄의 결과이자, 부활의 시작으로 보았다.
- 루터는 믿음으로, 칼뱅은 안식으로, 바르트는 희망으로 이해했다.

4. 성례전과 죽음

- 세례와 성찬은 예수 그리스도의 죽음과 부활의 상징이다.
- 성례전으로 부활을 체험하며, 하나님과 언약적 관계를 유지한다.

성경이란 어떤 책인가?

성경(聖經)은 약 1,600년에 걸쳐 기록된 하나님의 뜻과 사랑이 담긴 거룩한 계시의 책입니다. (기원전 15세기경, 곧 주전 1446년 출애굽 이후 모세가 오경의 기록을 시작한 때부터, 기원후 1세기 말 주후 95-96년 요한계시록이 기록되기까지,) 서로 다른 시대와 문화 속에 살았던 약 40여 명의 저자들이 하나님의 영감을 받아 기록하였습니다.

구약은 주로 히브리어(일부 아람어), 신약은 헬라어로 기록되었으며, 오늘날 기독교 성경은 구약 39권, 신약 27권, 모두 66권으로 구성되어 있습니다.

구약은 창조로부터 시작하여 하나님과 이스라엘 사이의 언약, 율법, 역사, 예언을 담으며, 장차 오실 메시아와 하나님의 구원 계획을 드러냅니다. 구약의 율법서, 역사서, 시가서, 예언서는 서로 다른 문학 형태를 통해 하나님의 뜻과 사랑, 그리고 인류를 향한 구원의 큰 그림을 펼쳐 보여 줍니다.

신약은 말씀이 육신이 되어 오신 예수 그리스도의 탄생과 사역, 십자가의 죽음과 부활, 그리고 성령의 임재 가운데 교회의 확장을 기록하여 하나님의 구원이 완성되어 가는 과정을 보여줍니다. 복음서, 사도행전, 서신서, 요한계시록은 예수 그리스도를 통한 구원의 길 그리고 하나님의 나라가 어떻게 임하고 완성될지를 선포합니다.

성경은 단순한 역사 기록이 아니라, 창조주 하나님께서 인간에게 자신의 마음과 뜻을 친히 드러내신 살아 있는 계시이며, 모든 세대를 향한 하나님의 사랑의 편지입니다. 그러므로 성경은 믿는 자에게 생명의 길을 비추는 빛이며, 하나님과 동행하는 삶의 방향을 제시하는 영원한 진리의 말씀입니다.

기독교 역사 흐름과 전개

1. 기독교의 시작과 초대교회(1-4세기)

기독교는 1세기경 팔레스타인에서 유대교적 배경과 로마 제국의 통치 아래 시작되었으나, 그 근본 뿌리는 태초부터 창조주 하나님께서 인류 구원을 위해 세우신 거룩한 계획과 약속에 있습니다. 예수 그리스도께서는 육신을 입고 이 땅에 오셔서 하나님의 나라를 선포하시고, 십자가의 죽음과 부활을 통해 인류를 위한 구원의 길을 여셨습니다. 기독교는 단순한 종교의 탄생이 아니라, 역사 속에서 하나님의 구속의 은혜가 실현된 사건이며, 구원의 섭리가 드러난 거룩한 여정입니다.

예수 그리스도의 탄생을 기점으로 인류의 역사는 기원전(BC, Before Christ)과 기원후(AD, Anno Domini - 라틴어로 '주님의 해')

로 나뉘게 되었으며, 이는 예수 그리스도의 오심이 역사의 중심이며 전환점임을 상징합니다. 초기 그리스도인들은 로마 제국의 혹독한 박해 속에서도 믿음을 굳게 지키며, 신앙 공동체를 이루고 복음의 진리를 담대히 증거하였고, 그들의 헌신과 순교는 초대교회의 뿌리가 되고, 오늘날 기독교의 토대가 되었습니다.

2. 중세 교회의 발전(4-15세기)

313년, 콘스탄티누스 황제가 발표한 밀라노 칙령을 통해 기독교는 공식적으로 공인되었고, 이후 교회는 로마 제국 내에서 정치와 문화의 중심 세력으로 자리매김되었습니다. 여러 차례에 걸친 공의회를 통해 교리의 정통성과 통일성이 확립되었으나, 시간이 흐르며 교황 중심의 권위 체제와 교회의 도덕적 타락은 점차 비판의 대상이 되었습니다. 이러한 문제들은 훗날 종교개혁의 필요성을 제기하는 역사적 배경으로 작용하게 됩니다.

3. 종교개혁과 개신교의 탄생(16세기)

16세기, 마르틴 루터는 교회의 부패와 특히 면죄부 판매에 반발하여 종교개혁의 불씨를 지폈습니다. 그는 "오직 성경(Sola Scriptura), 오직 믿음(Sola Fide), 오직 은혜(Sola Gratia), 오직 그리스도(Solus Christus), 오직 하나님께 영광(Soli Deo Gloria)"이라는 다섯 가지 핵심 교리를 통해 신앙의 본질과 복음의 순수성을 회복하고자 했습니다.

루터의 성경 번역은 하나님의 말씀을 평신도들이 직접 읽고 이해할 수 있도록 만든 획기적인 사건이었으며, 인쇄술의 발전은 말씀의 대중화와 개혁 사상의 빠른 확산을 가능하게 했습니다. 그 결과 루터교를 비롯한 다양한 개신교 교파들이 형성되었고, 기독교는 교리적 다양성과 종교적 자유라는 새로운 흐름 속에서 역사적으로 중대한 전환점을 맞이하게 되었습니다.

4. 근대 기독교의 확산과 선교(17-19세기)

근대에 이르러 유럽 열강의 식민지 확장과 더불어, 기독교는 전 세계로 급속히 전파되었습니다. 가톨릭과 개신교는 선교사를 파견하여 복음을 전파했으며, 부흥운동과 경건주의 운동을 통해 개인의 신앙 회복과 공동체의 영적 각성이 일어났습니다. 아울러 교회는 교육, 의료, 복지 등 공공 영역에도 적극적으로 참여하며 신앙의 실천을 삶의 현장 속에서 구현해 나갔습니다. 이러한 흐름은 기독교가 단순한 종교적 체계를 넘어 인류 공동선에 기여하는 보편적 가치로 작용하게 하는 중요한 전환점이 되었습니다.

5. 현대 기독교와 세계화(20세기-현재)

20세기는 두 차례의 세계대전과 냉전이라는 격동의 역사 속에서 기독교가 정체성을 새롭게 정립하고, 다양한 도전과 변화를 경험한 시기였습니다. 가톨릭교회는 제2차 바티칸 공의회(1962-1965)를 통해 현대 사회와 소통하려는 개혁을 추진하였고, 개신교는 에큐메니칼 운동을 중심으로 교파 간의 연합과 일치를 도모하며, 신앙의 공동 증언을 시도하였습니다.

특히 한국 교회는 20세기 중후반에 급속한 성장을 이루며, 세계 교회로부터 주목을 받았고, 세계 선교의 중심지 중 하나로 자리매김하였습니다.

기독교의 역사는 단순한 종교의 형성 과정을 넘어서, 하나님께서 인류를 구원하시기 위한 거룩한 섭리 안에서 진행되어 온 진리의 여정입니다. 하나님은 죄로 인해 단절된 인간과의 관계를 회복하시기 위해, 역사의 모든 순간마다 끊임없이 일하시고 개입하셨으며, 그 구원의 이야기는 특정 시대나 문화를 초월하여 수많은 사람들의 삶을 변화시켜 왔습니다.

그리고 오늘날에도 하나님은 여전히 살아 계시며, 하나님의 구원 사역은 지금 이 순간에도 우리 가운데 계속해서 이루어지고 있습니다.

한국 기독교의 수용과 과제

한국에 기독교가 처음 전해진 시기는 1784년 천주교(가톨릭)를 통해서였습니다. 한국에서는 가톨릭과 천주교라는 명칭이 함께 사용되며, 개신교는 일반적으로 기독교라는 명칭으로 통용되고 있습니다.

한국의 기독교 선교는 1885년, 언더우드(Horace G. Underwood)와 아펜젤러(Henry G. Appenzeller) 선교사의 입국을 계기로 본격적으로 시작되었습니다. 이들은 단순한 복음 전파에 그치지 않고, 교육, 의료, 출판, 문화 등 다양한 분야에 깊은 영향을 끼쳤으며, 특히 학교와 병원 설립, 한글 성경 번역, 근대 교육을 통한 민중 계몽에 큰 기여를 하였습니다.

일제강점기에는 교회가 민족 정체성과 자주성을 지키는 영적, 사회적 중심 역할을 감당하였고, 3.1운동 당시 수많은 기독교인들이 독립운동에 참여함으로써 신앙과 민족 해방의 길을 함께 걸었습니다. 이후 6.25 전쟁의 참화와 1980년대 군사 독재 시기에도 교회는 고통받는 민족과 사회와 함께하며, 정의와 인권, 민주화를 위한 운동에 앞장서는 예언자적 사명을 감당하였습니다.

오늘날 한국 사회는 저출산과 고령화, 양극화와 같은 복합적 위기에 직면해 있습니다. 이러한 시대적 도전 속에서 한국 교회는 성경적 가치에 근거하여 사회의 아픔에 민감하게 응답하고, 예수 그리스도의 사랑을 구체적으로 실천하는 공동체가 되어야 합니다. 과거의 영광에 안주하지 않고, 변화하는 현실을 직시하며 시대적 소명을 감당할 때, 한국 교회는 공동체 안팎에서 신뢰를 회복하고, 사회적 책임을 다하는 교회로 거듭날 수 있을 것입니다. 그럴 때 비로소 교회는 이 시대의 어두운 골짜기 속에서도 빛과 소금의 사명을 회복하며, 시대를 이끌어가는 교회로서 하나님 나라의 증인으로 세상 가운데 우뚝 서게 될 것입니다.

제4장

기독교적 죽음의 이해

기독교에서 죽음은 단순히 생명의 끝으로 이해하지 않습니다. 오히려 죽음은 영원한 생명으로 나아가는 중요한 전환점이며, 인간이 궁극적으로 죽음을 이기고 새 생명을 얻는 희망의 문턱으로 여깁니다.

이러한 기독교적 죽음의 의미를 깊이 있게 이해하기 위해, 먼저 구약성경에 드러나는 죽음의 개념을 살펴보고, 이어 신약성경의 복음서와 사도 바울이 제시한 죽음에 대한 관점을 검토하고자 합니다. 나아가, 기독교 역사 속 주요 신학자들의 죽음에 대한 신학적 성찰을 통해, 기독교 내에서 죽음이 어떻게 이해되고 해석되어 왔는지 살펴보고자 합니다.

1. 구약성경에서의 죽음

구약성경은 죽음에 대해 다양한 시각과 언어적 상징을 통해 깊이 있는 이해를 제공합니다. 죽음의 기원은 아담의 범죄로부터 비롯되었으며, 구약 전반에 걸쳐 중요한 주제로 다루어져 왔습니다. 그러나 시대와 문맥에 따라 죽음에 대한 관점은 다소 차이를 보이기도 합니다.

특히 창세기 3장 19절에서 "너는 흙이니 흙으로 돌아갈 것이니라"라는 말씀은 죽음을 인간 존재가 근본적으로 창조 질서로 회귀하는 과정으로 이해하는 대표적 구절입니다. 이는 인간이 흙에서 비롯되었음을 상기시키며, 죽음이 존재의 근원으로 되돌아가는 필연적 현실임을 드러냅니다. 이러한 상징은 욥기10:9, 34:15, 시편103:14, 전도서12:7 등 여러 본문에서 반복되는데, 여기서 흙은 인간의 시작이자 마지막 안식처로서 죽음의 본질을 설명하는 핵심 이미지입니다.

» 유한하고 필연적인 죽음

구약성경은 죽음을 인생의 불가피한 마침표로 인식합니다. 삶의 시작부터 성장과 노년을 거쳐 최종적으로 이르는 죽음은 하나님의 창조 질서 내에서 정해진 자연스러운 운명이자 피할 수 없는 현실로 받아들여졌습니다. 육체는 흙으로 돌아가고, 영혼은 하나님께로 돌아간다는 개념은 죽음을 단순한 소멸이 아닌, 창조주 앞에 모든 존재가 귀환하는 과정으로 이해하게 합니다.

이처럼 구약은 죽음을 부정하거나 회피하지 않고, 인간 모두가 마주하는 현실로 직시합니다. 사랑하는 이의 죽음은 깊은 슬픔과 애도를 불러일으켰으며창세기 50:1-2, 사후 세계에 대한 분명한 이해가 부족했던 당시 상황에서는 죽음이 종종 어둠과 무無로 묘사되기도 하였습니다. 그러나 동시에 구약 신앙은 죽음을 하나님의 주권 안에서 일어나는 사건으로 보고, 평화로운 삶의 완성으로 수용하는 태도를 지니고 있었습니다.

특히 장수하여 자연스럽게 노년에 죽는 것은 하나님께서 허락하신 복으로 여겨졌으며창세기 25:8, 35:29, 충실히 삶을 살아낸 이들에게 부여되는 존귀한 마무리로 인식되었습니다. 이삭, 다윗, 욥과 같은 인물들은 죽음을 삶의 완성으로 받아들이며, 죽음을 단순한 종말이 아닌 인생 여정의 성취로 고백하였습니다.

그럼에도 불구하고, 죽음 앞에서 느끼는 인간의 허무와 덧없음은 구약 문헌 곳곳에서 고스란히 드러납니다. 시편과 욥기는 죽음을 그림자, 숨결, 덧없는 존재로 표현하며시편 39:5, 89:47; 욥기 14:1-12, 왕이라 할지라도 죽음 앞에서는 모두 평등함을 고백합니다시편 49:8.

한편, 이스라엘 신앙은 죽음을 초월하여 영원히 살아 계신 하나님을 신뢰합니다. 하나님은 생명을 주신 창조주이자, 언제든 생명을 거두실 수 있는 절대적 주권자로 인식했습니다욥기 1:21-22; 신명기 5:26; 시편 36:9. 이러한 믿음은 인간이 자신의 삶과 죽음 모두를 하나님의 뜻에 맡기며 순종하도록 이끌었습니다시편 89:48. 구약의 여러 인물들이 죽음을 담담히 수용하고, 유언을 통해 삶의 마무리를 준비한 점도 이러한 신앙 태도를 반영합니다. 또한, 구약은 죽은 자를 위한 통곡과 숭배, 그리고 죽은 자에게 묻는 행위를 금지하였으며, 이는 하나님에 대한 불신으로 여겨졌습니다이사야 65:3-4.

결론적으로, 구약성경에서 죽음은 인간의 유한성과 연약함을 드러내는 현실이자, 하나님의 절대 주권 아래 이루어지는 삶의 피할 수 없는 마무리입니다. 이러한 인식은 죽음을 단순한 끝으로 이해하지 않고, 하나님의 섭리 안에서 차분히 받아들이는 신앙적 깊이를 담고 있습니다.

» 죄로 인한 죽음

구약성경은 죽음을 단순한 인생의 마침표나 자연적 종말로 이해하지 않습니다. 오히려 인간의 죄로 인해 세상에 들어온 하나님의 형벌이자 하나님과의 관계 단절을 상징하는 결과로 이해합니다. 창세기 2장 17절은 아담의 범죄가 하나님의 언약을 어긴 행위임을 밝히며, 이로 인해 인간은 반드시 죽음을 맞이하게 될 것임을 선언합니다. 이 선언은 단순한 경고를 넘어서, 죄에 대한 하나님의 공의로운 심판으로 해석되고 있습니다.

죄는 인간 본성의 일부라기보다 하나님과의 올바른 관계가 깨지는 존재론적 변화입니다. 타락 이전 인간은 죽음의 현실에 노출되지 않았지만, 죄를 범한 이후 인간의 전 존재가 죽음의 권세 아래 놓이게 되었습니다. 남성은 노동의 고통 속에서, 여성은 출산의 고통 속에서 죽음의 영향을 일상적으로 경험하며, 이는 인간이 더 이상 순수한 생명체가 아니라 죽음을 향해 나아가는 존재임을 나타냅니다.

구약은 죽음을 단순한 삶의 끝이 아니라, 하나님께서 주신 생명의 박탈이라는 심판으로 설명합니다. 이처럼 죄는 하나님의 뜻에 반하는 악이며, 결국 죽음을 초래합니다. 따라서 죽음은 인간의 고유한 운명이 아니라, 하나님의 뜻을 거스른 죄에 대한 응보이며, 생명의 소중함이 사라지는 비극적 현실로 이해됩니다.

특히 구약은 이른 죽음을 생명의 적으로 간주하며, 젊은 나이에 찾아온 죽음은 삶의 완성을 이루지 못한 불행한 상태로 봅니다. 이는 하나님의 계획과 동떨어진 현실이며, 질병, 고난, 가난, 외로움 같은 고통들은 이러한 악한 죽음을 예고하는 징후로 받아들여졌습니다. 욥기 22장 15-16절은 범죄한 자들이 예정된 때보다 일찍 죽음에 이른다고 말하며, 이를 파멸과 돌이킬 수 없는 절망으로 묘사합니다.

따라서 구약성경에서 죽음은 인간의 죄악으로 인해 세상에 들어온 비극적 결과이며, 하나님과의 관계가 끊어진 존재가 맞이하는 심판의 실재입니다. 죽음은 생의 종말이 아니라, 죄의 권세가 여전히 작용하고 있음을 드러내는 표징이자, 하나님의 은혜로부터 멀어진 인간의 상태를 상징합니다. 그럼에도 불구하고 구약성경은 모든 죽음을 절망과 심판의 표징으로 한정하지는 않았습니다. 하나님과의 올바른 관계 속에서 맞이하는 죽음은 오히려 복과 평안의 완성으로 묘사되었습니다.

» 평안을 누리는 죽음

구약성경은 하나님의 계명에 순종하는 삶에 대해 특별한 축복을 약속하며, 그중 대표적인 축복이 장수입니다. 이는 단순히 수명이 연장되는 것을 뜻하는 것이 아니라 하나님과의 올바른 관계 속에서 충만한 삶을 완성하는 의미로 이해합니다. 이러한 관점에서 죽음은 어둡고 고통스러운 종말이 아니라, 인생의 평화롭고 존엄한 성취로 묘사됩니다.

대표적으로 아브라함은 하나님으로부터 "너는 장수하다가 평안히 조상에게로 돌아가 장사될 것이요"창세기 15:15라는 약속을 받았습니다. 이 말씀은 죽음이 형벌이 아닌 복된 삶의 마무리임을 분명히 보여줍니다. 실제로 창세기 25장 8절은 아브라함이 "나이가 높고 늙어서 기운이 다하여 죽어 자기 열조에게로 돌아가매"라고 기록하며, 그의 죽음을 존엄한 인생의 완성으로 묘사합니다.

구약성경은 이처럼 장수와 고령을 하나님의 은혜로 받은 축복으로 기록합니다. 이삭창세기 35:28-29, 욥욥기 42:17, 다윗역대상 23:1, 여호야다 제사장역대하 24:15 등 여러 인물이 하나님의 복 가운데 노년의 죽음을 맞이하였으며, 그들의 삶과 죽음은 순종의 열매로서 장수와 평안을 누리는 이상적인 죽음의 모델임을 시사합니다.

이상적인 죽음은 하나님께서 허락하신 것으로 백발의 노년까지 장수하다가 조상에게로 돌아가는 모습으로 표현되고 있습니다. 이러한 이해는 아브라함뿐 아니라 이삭, 욥과 같은 구약 인물들의 삶에서도 확인됩니다. 이삭은 나이가 많고 늙어 기운이 다하였고창세기 35:29, 욥은 백사십 년을 살며 아들과 손자를 사대를 보았고 늙어 나이가 차서 죽었더라욥기 42:16-17 말씀하고 있습니다. 그들의 삶은 하나님에 대한 신뢰와 순종 속에서 누린 복된 결과였으며, 죽음은 그 복의 완성 단계로 받아들여졌습니다. 욥기 5장에서 엘리바스는 하나님께 꾸중을 헛되이 듣지 않은 의인의 죽음을 아름다운 결말로 칭송하며, 노년의 죽음을 인생의 성취로 인식했습니다.

이와 같은 죽음에 대한 시각은 구약시대 전반에 걸쳐 긍정적으로 받아들여졌으며, 신앙인들은 죽음을 불행한 종말이 아닌 하나님의 뜻 안에서 이루어지는 인생의 완성으로 받아들였습니다. 자연스러운 노년의 죽음은 조기 사망과 구별되며, 갑작스러운 운명의 충격으로 간주되지 않고 인생 여정의 자연스러운 마지막 이정표로 인식되었습니다.

결국 구약성경은 죽음을 하나님의 창조 질서 안에서 주어진 생명의 유한성을 인정하는 사건으로, 단순한 소멸이 아니라 성취와 회귀의 순간으로 이해하고 있습니다. 시편 116편 15절은 "경건한 자들의 죽음은 여호와께서 보시기에 귀중한 것이로다"라고 고백하며, 한 사람의 죽음조차 하나님의 주권 아래 의미 있게 다뤄짐을 보여줍니다.

하나님은 생명과 죽음을 주관하시는 분이시며시편 36:9, 인간은 하나님의 뜻을 깨닫고 죽음 앞에서도 하나님의 창조 질서와 뜻을 인정하고 순응하는 겸손한 자세를 유지해야 합니다.

구약성경은 죽음을 아담의 범죄로 인한 하나님의 심판이자 죄의 결과로 봅니다. 죽음은 인생의 끝이 아니라 하나님과의 단절을

의미하며, 공의로운 징벌로 나타나기도 합니다.

그러나 하나님께 충실한 삶과 평안한 죽음은 큰 축복으로 여겨지며, 아브라함, 이삭, 다윗, 욥과 같은 인물들이 존엄하고 만족스럽게 생을 마감한 것은 하나님의 은혜와 축복으로 말씀하고 있습니다. 이처럼 구약성경은 죄와 심판의 엄연한 현실을 외면하지 않으면서도, 모든 삶의 여정이 하나님의 주권 아래에서 궁극적인 완성과 평안으로 나아감을 보여줍니다.

2. 신약성경에서의 죽음

신약성경에서 죽음에 대한 이해는 예수 그리스도의 십자가 죽음과 부활 사건을 중심으로 전개됩니다. 구약시대에는 죽음이 아담의 죄로 인해 세상에 들어온 불가피한 현실로 인식되었으며, 모든 인류가 피할 수 없는 운명으로 받아들여졌습니다. 이는 죄로 인해 하나님과 단절된 상태가 인간 존재를 지배한다는 신학적 배경 위에 서 있었습니다.

그러나 신약은 이러한 죽음의 현실을 근본적으로 변화시킵니다. 예수 그리스도의 죽음은 인류의 죄를 대신한 희생이며, 부활은 죽음의 권세를 무너뜨린 승리의 선언입니다. 이로 인해 죽음은 더 이상 절망과 종말이 아니라, 새로운 생명과 영원한 부활의 시작으로 이해합니다.

따라서 신약성경은 죽음을 희망의 죽음으로 재해석하며, 예수 그리스도를 통해 부활의 소망이 확실히 보장된다는 메시지를 일관되게 전합니다. 이 장에서는 복음서에 나타난 죽음의 의미와 사도 바울의 죽음에 대한 신학적 관점을 중심으로 신약성경의 죽음 이해를 살펴보고자 합니다.

» 복음서의 죽음 해석

복음서에서는 예수님의 죽음과 부활을 통해 죽음의 의미를 깊이 이해할 수 있습니다.

마태복음은 예수님을 아브라함과 다윗의 후손으로 소개하며, 유대인의 역사와 전통 안에서 예수님의 신분과 사명을 설명합니다. 마태는 예수님의 삶과 죽음, 부활을 구약 예언의 성취로 보고 예수님 자신도 자신의 죽음이 하나님의 구원 계획임을 인지하고 있음을 기록합니다. 특히 겟세마네 동산에서 "내가 만일 그렇게 하면 이런 일이 있으리라 한 성경이 어떻게 이루어지겠느냐"마태복음 26:54라는 예수님의 고백은 단순한 사건이 아니라 신앙적 예언의 완성임을 보여줍니다.

마가복음은 예수님의 고난과 십자가 죽음에 초점을 맞추어, 예수님이 겪으신 육체적 고통과 외로움을 생생하게 드러냅니다. 마가는 예수님의 마지막 일주일을 자세히 다루며, 고난받는 종으로서 인간적 고통과 순종을 강조합니다. 이는 마가복음이 전해졌던 당시 공동체의 고난 가운데 신앙을 지키도록 위로와 격려를 전하기 위한 목적이 있습니다.

누가복음은 예수님의 구원 사역을 중심으로 하나님의 자비와 긍휼을 부각시킵니다. 사회적 약자와 소외된 이들에게 희망을 전달하는 모습을 보여 주며, 십자가 위에서 "아버지 저들을 사하여 주옵소서"누가복음 23:34라는 예수님의 기도를 통해 사랑과 용서가 죽음까지 이어진다는 메시지를 전합니다.

요한복음은 예수님과의 인격적 관계를 통해 죽음을 극복하는 새로운 시각을 제시합니다. 요한은 예수님을 믿는 자들이 이미 영원한 생명을 누리고 있음을 강조하며, 죽음을 영원한 생명으로 들어가는 문으로 바라봅니다. 예수님은 자신을 한 알의 밀알에 비유하여 죽음이 더 큰 생명을 위한 희생임을 나타냅니다 요한복음 12:24. 십자가의 죽음은 하나님의 사랑과 영광이 드러나는 순간이며, 이를 통해 모든 민족이 하나님을 알고 구원의 은혜를 받게 됩니다.

결국 예수 그리스도의 죽음과 부활은 단순한 역사적 사건을 넘어 인류 죽음의 의미를 근본적으로 변화시켰습니다. 예수님은 죽음을 이기심으로써 우리에게 부활과 영원한 생명에 대한 희망을 열어 주셨습니다. 성령님은 우리 안에 임하여 예수님의 십자가 죽음과 부활을 경험하게 하시고, 새 삶을 살아가도록 인도하십니다. 이에 복음서에 나타난 죽음의 해석은 예수님의 사역과 믿음의 핵심을 이루며, 우리로 하여금 죽음을 넘어서는 참된 생명과 영원한 소망을 바라보게 합니다.

» 바울의 죽음 해석

바울은 죽음을 신학적 의미와 종말론적 소망의 관점에서 영적 사건으로 해석합니다. 그는 죽음을 종종 잠이라는 표현으로 묘사하는데, 이는 죽음이 끝이 아닌 부활과 재림을 기다리는 일시적 상태임을 강조하는 것입니다. 데살로니가전서 4장 13절에서 바울은 "자는 자들"이 주님의 재림 때 영광을 함께 누릴 것이라 선언하며, 사도행전 7장 60절에서 스데반의 죽음을 "자니라"고 표현한 것도 이러한 신학적 관점을 반영합니다. 이처럼 바울에게 죽음은 육체의 소멸이 아니라, 몸과 영혼을 포함한 전체 인간 존재의 상태 변화이며, 영혼은 육체적 죽음 이후에도 계속 존재하는 영적 실재입니다.

또한 바울은 죽음을 죄의 결과로 받아들입니다. 로마서 6장 23절에서 "죄의 삯은 사망"이라 선언한 것처럼, 죽음은 인간 타락과 불순종의 결과로서 하나님과의 단절, 즉 심판 아래 놓인 상태를 의미합니다. 이는 구약성경이 죽음을 죄의 필연적 결과로 이해한 전통을 계승한 것으로, 죄가 죽음에 이르는 근본 원인임을 분명히 합니다.

바울은 인간이 죄의 종이며, 그 결과 죽음을 피할 수 없다고 가르칩니다로마서 6:23; 요한복음 8:34. 모든 인류가 죄 아래 있고 죽음이 모든 사람에게 임한다는 사실로마서 3:23, 5:12-14은 인간 존재의 유한성을 분명히 드러냅니다.

한편, 바울은 예수 그리스도의 죽음과 부활을 죄 문제에 대한 결정적 해결책으로 봅니다로마서 6:10; 고린도후서 5:21. 예수님의 죽음은 육체적 죽음이 아니라 인류의 죄를 대신하는 희생이며, 이를 통해 하나님의 통치가 이 세상에 임하였음을 선포합니다.

바울은 십자가 사건을 하나님의 의와 사랑이 구체적으로 드러난 것으로, 사단의 권세와 죄와 죽음의 권세로부터 인간을 해방시키는 구원의 역사로 보았습니다로마서 3:21, 5:5; 갈라디아서 1:4; 골로새서 1:13. 부활하신 예수 그리스도는 다시 죽지 않으시며, 이로써 죄와 죽음은 그리스도 안에서 결정적으로 정복되었고, 그 은혜 안에 사는 자들은 새로운 생명을 누리게 됨을 강조했습니다로마서 6:9.

바울은 복음 전도와 교회 교육을 통해 예수 그리스도의 죽음과 부활의 신학을 심화시켰으며, 고린도전서 15장에서는 부활을 믿는 자들만을 위한 것이 아닌 인류 전체에 적용되는 보편적 구원의 약속으로 확장했습니다. 예수 그리스도의 부활은 첫 열매로서 마지막 날에 완전한 승리가 실현될 것이며, 그때 죽음은 최후의 적으로 영원히 제거될 것이라 선언합니다고린도전서 15:26. 이러한 바울의 부활관은 구약의 죽음 이해를 넘어서는 진일보한 종말론적 시각입니다.

바울에게 죽음은 죄의 결과이자 피할 수 없는 현실이지만 예수 그리스도의 십자가와 부활 안에서 새로운 의미를 갖는 존재적 전환점입니다. 죽음은 더 이상 두려움의 대상이 아니며, 부활과 영생으로 나아가는 소망의 문으로서 모든 성도가 이 희망 안에서 죽음을 맞이할 수 있다고 가르칩니다.

신약성경 전체는 죽음을 죄의 결과로 인식하지만, 예수 그리스도의 구속 사역을 통해 죽음에 새로운 의미와 소망을 부여합니다. 예수 그리스도를 믿는 자는 죽음 이후에도 생명을 누리며, 그리스도를 따름으로써 생명의 길에 들어서게 됩니다. 생명과 죽음은 모두 하나님의 주권 아래 놓인 선물이며, 인간이 스스로 통제할 수 없는 영역입니다.

결론적으로, 죽음을 넘어 참된 생명을 얻는 길은 인간의 자격이나 노력에 의한 것이 아니라, 오직 하나님의 전적인 은혜를 통해 주어지는 구원의 선물이라는 것이 신약성경이 일관되게 전하는 복음의 핵심입니다.

3. 신학적인 죽음

오늘날 죽음을 가볍게 여기거나 세속적 차원에서만 이해하는 경향이 강해지면서, 죽음에 대한 올바른 신학적 이해가 점차 희미해지고 있습니다. 이는 진리 왜곡과 신학적 혼란을 낳아, 죽음에 대한 더 깊이 있는 신학적 성찰과 논의가 절실함을 드러냅니다. 그러나 현대 신학은 대체로 죽음 그 자체보다는 죽음을 극복하는 부활과 미래의 소망에 초점을 맞추는 경향이 있습니다. 이러한 점은 소망을 강화한다는 점에서 유익하나, 한편으로는 죽음의 본질을 깊이 성찰하는 데 소홀하여 신학적 균형을 잃는다는 비판도 제기됩니다.

이에 본 장에서는 먼저 초기 교부들의 죽음 이해를 살펴보고, 기독교 역사 속 주요 신학자들의 관점을 살펴봄으로써 죽음에 대한 신학적 사유의 폭과 깊이를 확장하고자 합니다.

» 교부들의 죽음 해석

초기 기독교 공동체의 신앙 고백은 사도신경에 명시된 몸의 부활과 영생에 대한 확고한 믿음에 기초하고 있었습니다. 이 신앙은 유대 종말론적 전통 위에 세워졌으며, 공동체의 구원과 최종적 운명에 대한 집단적 성찰로 나타난 신앙적 표현이었습니다. 그러나 기독교가 헬레니즘 세계로 확장되면서 그리스 철학적 사유가 기독교 사상에 유입되었고, 인간 존재와 죽음에 대한 이해에 적잖은 영향을 미치게 되었습니다. 유대 전통은 인간을 영혼과 육체가 분리될 수 없는 통합된 존재로 이해하며, 죽음을 하나님과의 관계 단절로 인식했습니다. 반면, 헬레니즘은 영혼과 육체를 이원론적으로 구분하고, 육체를 열등하거나 일시적인 것으로 간주, 죽음을 영혼이 육체로부터 해방되는 사건으로 이해했습니다.

이러한 배경 속에서 초기 교부들은 기독교의 전인적 구원관과 육신의 부활 교리를 강조하며, 육체 또한 하나님의 영원한 생명에 참여하는 존재임을 확신했습니다. 예수 그리스도의 재림이 예상보다 지연되면서, 초기 교회와 교부들은 이에 대한 신학적 해석과 목회적 대응을 모색해야 했습니다. 재림의 지연은 당시 성도들에게 신앙적 혼란과 긴장을 불러일으켰으며, 이에 교부들은 한편으로는 윤리적 각성과 경건한 삶의 지속을 촉구하고, 다른 한편으로는 하나님의 인내와 회개 기회의 연장이라는 관점에서 재림의 지연을 해석했습니다.

또한, 이미 죽은 자들과 장차 부활할 자들 사이의 시간적 간극에 대한 신학적 설명도 요청되었습니다.

바울은 고린도후서 5장에서 죽은 성도의 영혼이 즉시 하나님 앞에 나아감을 확신하였으나, 육체의 상태와 부활의 시점에 관한 질문은 여전히 남아 있었습니다.

이에 따라 교부들은 플라톤 철학의 영혼 불멸 사상을 일정 부분 수용하면서도, 죽음 이후의 중간 상태와 궁극적인 육체의 부활 사이의 간극을 기독교 신앙 안에서 조화롭게 설명하고자 했습니다.

이러한 시도는 단순히 철학적 개념을 차용한 것이 아니라, 예수 그리스도를 중심으로 한 구속사의 흐름 속에서 성경에 근거한 죽음과 부활의 통합적 이해를 정립하려는 신학적 작업이었습니다.

결과적으로 초기 교부들은 죽음을 세 가지 주요 관점에서 해석했습니다.

첫째, 죽음은 영혼과 육체의 분리 사건이다.

순교자 유스티누스Justinus Martyr, 100-165는 당시 헬레니즘 철학의 영향을 받았지만, 구원이란 영혼만 하늘에 가는 것이 아니라 육체도 회복되어야 완성된다고 주장했습니다.

아우구스티누스Aurelius Augustinus, 354-430는 인간을 정신, 영혼, 육체가 하나로 통합된 존재로 보고, 죽음 이후에도 영혼은 불멸하며, 마지막 날에 육체가 부활한다고 가르쳤습니다.

터툴리안Tertullian,155-220과 니사의 그레고리우스Gregory of

Nyssa, 335-395는 죽음을 영혼이 육체와 분리되는 사건으로 이해했습니다.

그러나 그들은 이 분리가 완전한 파괴나 소멸이 아니며, 부활을 전제로 한 임시적인 상태라고 보았습니다. 초기 교부들은 죽음을 영혼과 육체가 떨어져 있는 상태로 공통적으로 인식했지만, 그 상태를 영원한 끝으로 이해하지 않고, 부활을 통해 다시 결합될 것을 전제했습니다.

둘째, 죽음은 죄의 결과이다.

많은 교부들은 죽음을 아담의 범죄에 따른 하나님의 정당한 심판으로 해석했습니다. 이는 육체의 소멸뿐 아니라 영적 단절을 포함하는 심오한 신학적 사건으로, 오리겐Origen, 185-253과 안티오키아 학파 역시 동의했습니다. 529년 오렌지 공의회는 이러한 관점을 제도화하여 육체적 죽음을 죄의 첫 결과로, 영원한 죽음을 최후 심판으로 명확히 규정했습니다. 이는 아우구스티누스의 원죄론과 은총론에 기초한 것으로, 인간 구원이 하나님의 은혜에만 의존함을 공고히 했습니다.

셋째, 죽음은 나그네 인생의 종착지이다.

교부들은 이 땅의 삶을 하나님과의 영원한 만남을 준비하는 여정으로 보았고, 죽음 이후에는 회개의 기회가 주어지지 않는다는 사실을 반복적으로 강조했습니다.

아프라하트Aphrahat, 280-345는 누가복음 16장을 인용하여, 죽음 후에는 시간적, 공간적 이동이 불가능한 절대적 간극이 있음을 설명했으며, 고백자 막시무스Maximus the Confessor, 580-662는 죽음을 인생 여정의 마침표로 보며 시간을 성실히 살아낼 것을 권고하였습니다.

결론적으로, 초기 교부들의 죽음 이해는 죽음을 죄의 결과이자 인간 존재의 한계로 인정하면서도, 예수 그리스도의 부활과 재림에 대한 소망을 통해 단순한 끝이 아니라 새 생명의 시작으로 죽음을 선포하는 통합적 신학을 형성하였습니다. 특히 아우구스티누스는 육체적 죽음과 영원한 죽음을 구분하고 이를 원죄와 연관시켜, 기독교 교리에 체계적으로 반영하는 데 중요한 역할을 했습니다. 이 같은 교부들의 신학적 성찰은 오늘날에도 기독교 죽음 이해의 견고한 토대를 형성하고 있습니다.

» 신학자의 죽음 해석

마르틴 루터

마르틴 루터Martin Luther, 1483-1546는 죽음을 단순한 소멸이나 철학적 개념으로 이해하지 않았습니다. 그의 죽음에 대한 인식은 깊은 실존적 체험과 신학적 각성 속에서 형성되었으며, 이는 그의 전체 신학을 구성하는 핵심적 출발점이 되었습니다. 독일 신학자 카를 홀Karl Holl은 루터의 신학이 궁극적으로 '죽음에 대한 공포와 그로 인한 존재론적 각성'에서 비롯되었다고 평가합니다.

루터는 에르푸르트Erfurt 대학에서 법학을 공부하던 중 낙뢰를 맞는 경험을 통해 죽음의 실체에 정면으로 마주하게 되었고, 이는 수도원으로 들어가는 결정적 계기가 되었습니다. 그는 아우구스티노회 수도사로서 수도 생활을 했고 시편과 로마서를 비롯한 성경 말씀을 깊이 묵상하며, 하나님의 절대적 거룩하심과 의로우심 앞에서 자신의 죄 된 실존을 뼈저리게 자각하게 됩니다. 이러한 깨달음은 단순한 내면적 갈등이 아닌, 하나님의 절대적 의 앞에서 인간 존재 전체가 흔들리는 심오한 체험이었습니다.

루터에게 죽음은 마침표가 아닌, 죄에 대한 하나님의 심판 그리고 지옥에 대한 두려움이 응축된 신학적 사건이었습니다. 그는 죽음의 고통이 단순히 생명이 끝나는 데서 오는 것이 아니라 죄와 심판의 실재를 직면하는 데서 비롯된다고 보았습니다. 그러나 그는 이 두려움을 이기는 길은 인간의 경건이나 종교적 행위가 아니라 오직 예수 그리스도의 십자가 은혜에 집중하는 데 있다고 확신했습니다. 인간은 자신의 행위로 하나님 앞에 설 수 없으며, 오직 그리스도의 대속적 죽음과 부활을 믿음으로 받아들일 때 죽음은 더 이상 정죄의 통로가 아니라 은혜의 자리로 변화된다고 보았습니다.

이러한 신앙적 확신은 루터로 하여금 형식적인 경건 생활이나 외적 의례주의를 비판하게 만들었습니다. 그는 오히려 말씀을 듣고, 성찬에 참여하며, 감사와 찬양으로 하나님께 반응하는 신앙의 실천 속에서 죽음을 이기는 참된 길을 제시했습니다.

결국 루터에게 있어 죽음은 두려워해야 할 마지막 경계선이 아니라, 하나님의 은혜를 의지함으로써 통과해야 할 믿음의 시험이자, 복음의 능력이 가장 뚜렷하게 드러나는 자리였습니다. 십자가 앞에서 죽음은 더 이상 심판의 칼날이 아니며 예수 그리스도와 연합된 자에게는 생명으로 나아가는 문이 되는 것입니다. 이처럼 루터는 실존적 고뇌와 복음적 확신을 결합시켜 기독교적 죽음 이해의 중요한 전환점을 마련했습니다.

장 칼뱅

장 칼뱅Jean Calvin, 1509-1564은 신앙의 전 영역을 복음 안에서 통합적으로 해석하려는 신학적 태도 속에서, 죽음을 종말이나 피할 수 없는 자연현상으로 이해하지 않았습니다. 그는 죽음을 인간 존재의 궁극적 한계이자, 신앙적 성찰의 자리로 받아들이며, 이를 통해 하나님의 구속 사역과 인간 실존의 의미를 깊이 사유하고자 했습니다.

칼뱅은 죽음을 육체와 영혼의 분리로 정의하면서, 인간의 영혼이 죽는 순간 육체를 떠나 하나님께로 향한다고 보았습니다. 그는 영과 혼을 구별하지 않고 동일한 실체로 간주하였고, 죽은 성도의 영혼은 곧바로 하나님의 임재 안으로 들어간다고 주장했습니다. 이 영적 본향은 성경에서 아브라함의 품이라는 상징으로 묘사되며, 이는 하나님과의 친밀한 교제가 회복되는 장소로 보았습니다.

당시 일부 신학자들이 주장하던 영혼 수면설soul sleep, 즉 사람이 죽은 뒤 부활 때까지 무의식 상태로 존재한다는 견해에 대해 칼뱅은 단호히 반대했습니다. 그는 죽은 자의 영혼이 여전히 의식과 생명을 지닌 상태로 하나님 앞에서 살아 있다고 보았습니다.

이러한 입장은 누가복음 16장의 부자와 나사로의 비유를 바탕으로 신학적으로 뒷받침되었습니다. 이 비유에서 칼뱅은 죽음이 단순한 소멸이 아니라, 성도에게 있어 고통의 마침과 안식의 시작임을 읽어냅니다. 하지만 그는 이 안식이 최종적 구원의 완성은 아님을 분명히 했습니다. 궁극적인 영광과 완전한 회복은 예수 그리스도의 재림과 죽은 자의 부활을 통해 이루어지며, 그날까지 성도의 영혼은 하나님과 교제하면서도 구속의 총체적 성취를 기다리는 상태에 놓여 있다고 설명했습니다.

이처럼 칼뱅은 죽음을 심판이나 절망의 사건으로 이해하지 않았습니다. 오히려 그것은 영원한 생명으로의 전환, 믿음 안에서 하나님의 품으로 들어가는 관문으로 이해했습니다. 죽음은 예수 그리스도 안에서 이미 정복된 현실이며, 성도는 그 은혜 안에서 죽음을 두려움이 아닌 소망과 위로의 순간으로 받아들일 수 있다고 확신했습니다.

결국 칼뱅의 죽음론은 신앙과 교리의 설명을 넘어서, 복음의 실천적 적용으로서 소망의 신학을 제시합니다. 그는 성도의 죽음을 이미 시작된 구원의 은총을 누리며 그 완성을 소망하는 믿음의 여정 일부로 자리매김하였습니다. 이러한 칼뱅의 이해는 죽음을 통해서도 여전히 하나님과 연결된 삶이 계속된다는 복음의 확신을 선포하는 신학적 통찰로, 오늘날에도 깊은 울림을 줍니다.

칼 바르트

칼 바르트Karl Barth, 1886-1968는 죽음을 인생의 마침표나 자연적 현상으로 간주하지 않았습니다. 그는 죽음을 신학적 사건으로 바라보았고, 그것이 죄로 인해 단절된 하나님과의 관계에서 비롯된 심판의 징표라고 해석했습니다. 인간의 죽음은 곧 하나님 없는 존재의 실상이며, 창조 질서를 거스른 인류의 실존적 결과라는 것입니다. 하지만 바르트는 죽음을 죄에 대한 벌로 한정하지 않았습니다. 그는 인간이 본래 유한한 존재로 창조되었다는 사실에 주목하며, 죽음이 피조물로서 본질적 한계를 드러내는 사건이기도 하다고 주장했습니다. 즉 인간은 시간 속에 존재하며, 언젠가는 그 시간의 경계를 넘어야 하는 유한한 존재로 지어졌다는 것입니다.

바르트는 성경이 말하는 두 종류의 죽음을 구별했습니다. 하나는 자연적 죽음으로 모든 인간이 겪는 삶의 종결이며 하나님의 섭리 속에 포함된 질서입니다. 다른 하나는 둘째 죽음으로, 이는 죄에 대한 궁극적 심판으로 하나님과의 영원한 단절을 의미합니다. 그러나 그는 이 둘째 죽음마저도 예수 그리스도의 대속적 죽음 안에서 이미 심판되었으며, 따라서 그것은 더 이상 하나님의 백성에게 결정적 위협이 되지 않는다고 선언했습니다.

바르트에게 있어 십자가는 하나님의 심판과 동시에 은혜가 가장 극적으로 드러난 사건입니다. 예수 그리스도의 부활은 죽음의 권세를 근본적으로 파괴한 역사적 실재이며, 이 사건을 통해 인간은 새로운 생명의 가능성을 부여받았습니다. 그는 죽음은 단 한 번의 기회라고 표현했는데 죽음의 순간은 인간이 하나님 앞에 전적으로 나아가는 결정적인 만남의 시간이라고 강조했습니다. 무엇보다 바르트는 기독교 신앙의 핵심이 부활에 있다고 역설했습니다. 부활이 없다면, 기독교는 더 이상 희망을 말할 수 없고, 복음은 무의미해진다고 보았습니다. 따라서 그는 예수 그리스도의 부활이 죽음과 죄의 현실을 넘어서는 유일한 길이며, 모든 두려움과 심판을 이기는 참된 소망의 근거임을 분명히 하였습니다.

더 나아가 바르트는 하나님의 은혜의 보편성을 강조하며, 하나님이 인간을 구원하시려는 뜻은 어떤 죄인에게도 철회되지 않는다고 보았습니다. 인간이 하나님을 저버릴 수는 있어도, 하나님은 결코 인간을 포기하지 않으신다는 확신 속에서, 그는 모든 인간은 하나님의 은혜의 대상이며, 죽음조차 그 은혜로부터 단절시킬 수 없다고 단언했습니다.

결국 바르트의 죽음 이해는 죄에 대한 심판이라는 신학적 현실을 정면으로 응시하면서도, 그 심판을 넘어서는 하나님의 주권적 은혜와 예수 그리스도 중심의 구속 사건을 통해, 죽음을 새로운 생명의 문으로 재해석한 것입니다. 그는 죽음을 피할 수 없는 현실로 수용하면서도 그것이 예수 그리스도 안에서 생명으로 향하는 구속의 전환점임을 분명히 했습니다.

마르틴 루터는 죽음을 하나님의 심판 앞에 선 인간의 깊은 실존적 공포로 인식했으나, 예수 그리스도의 은혜로 극복되는 믿음의 자리로 보았습니다. 장 칼뱅은 죽음을 성도의 영혼이 하나님께 나아가는 통로로 이해하며, 죽음 이후 안식을 누리되 재림의 날까지 완전한 구속을 기다리는 상태로 보았습니다. 칼 바르트는 죽음을 죄

와 피조물의 한계로 받아들이면서도, 예수 그리스도의 부활 안에서 죽음을 이기는 소망을 강조하였습니다.

이처럼 세 신학자 모두 죽음을 그리스도 안에서 신앙의 전환점이자, 하나님과 함께하는 생명으로 나아가는 관문으로 이해하였습니다.

4. 성례전과 죽음

기독교적 죽음 이해는 단순히 성경과 신학 이론에만 머무르지 않습니다. 교회 예배에서 행해지는 성례전Sacrament, Liturgy을 통해 그 의미가 구체적이고 실질적으로 드러납니다. 특히 세례와 성찬은 예수 그리스도의 죽음과 부활이라는 복음의 핵심 진리를 상징적이면서도 체험적으로 표현하는 중심 예식입니다.

세례는 단순한 물 의식이 아니라, 옛 자아가 죽고 예수 그리스도 안에서 새 생명이 시작되는 영적 변화를 드러내는 표징입니다. 예수께서는 마가복음 10장 38절에서 "내가 마시는 잔을 너희가 마실 수 있으며 내가 받는 세례를 너희가 받을 수 있느냐"라고 말씀하셨는데, 여기서 잔은 고난과 심판을 의미하며, 세례는 죽음 속으로 잠기는 전 존재적 침례를 상징합니다. 이는 세례가 단순한 형식이 아니라, 그리스도의 고난과 죽음에 참여하는 신앙적 실존 행위임을 보여줍니다. 세례를 받은 성도는 예수 그리스도의 죽음과 부활에 연합하여 새로운 존재로 거듭나며, 죄의 삶에서 떠나 하나님과 언약적 관계를 시작하는 새로운 정체성을 부여받습니다.

성찬은 예수 그리스도의 희생을 단순히 기억하고 감사하는 것에서 그치지 않습니다. 성찬은 주님의 몸과 피를 나누는 거룩한 자리에서 성도가 예수님과 영적으로 깊이 연합하며, 그 생명 안에서 살아가도록 힘을 얻는 은혜의 통로입니다. 성찬은 하나님께서 베푸신 구원의 은혜에 감사를 드리는 예식이자, 주님과 교회 공동체가 하나 되는 영적 연합의 상징입니다. 또한 성찬은 예수님의 십자가 죽음과 부활을 기억하고, 그 은혜를 세상에 선포하는 신앙 고백의 자리이며, 부활하신 주님이 지금도 우리 가운데 역사하신다는 사실을 체험하게 하는 순간입니다.

결국 세례는 신앙 여정의 출발점으로서, 죄로부터 떠나 새 생명으로 들어가는 회심의 표징이며, 성찬은 그 언약과 은혜를 계속 기억하며 믿음의 공동체가 주님의 죽음과 부활의 생명 안에서 살아가도록 돕는 반복적 은총의 자리입니다. 이 두 성례는 모두 하나님과의 언약적 관계를 새롭게 하고 유지하는 영적 통로로, 기독교적 죽음 이해를 예배와 삶 속에서 구체적으로 체현하게 합니다.

성례전은 단순한 의식이나 전통이 아니라, 예수 그리스도의 구원 사역과 성도의 영적 삶을 연결하는 살아 있는 통로입니다. 세례는 죽음과 부활에 참여하는 입문이며, 성찬은 그 생명에 지속적으로 동참하게 하는 신앙의 연속성입니다.

결국, 성례전은 죽음과 부활이라는 복음의 진리를 살아 있는 방식으로 선포하고 체험하게 하는 거룩한 통로입니다. 이를 통해 성도는 죽음을 넘어서는 부활 신앙을 일상의 예배 속에서 실천하며, 하나님 나라의 영광에 이르기까지 신앙의 여정을 계속해 나갈 수 있게 됩니다.

핵심 정리

구약성경에서는 죽음을 죄의 결과로 보지만 하나님과의 관계 회복 여부에 따라 그 의미는 달라집니다. 신약성경은 예수 그리스도의 죽음과 부활을 통해 죽음을 새로운 생명의 출발점으로 재해석합니다. 예수님은 부활을 통해 그 의미를 근본적으로 변화시키셨습니다. 사도 바울은 죽음을 하나님께 나아가는 통로로 여기며, 영혼의 영생과 육체의 부활의 연합적 구원을 강조하였습니다. 초기 교부들과 신학자들 역시 죽음을 이 땅에서의 순례를 마치고 하늘 본향으로 향하는 거룩한 여정으로 이해했습니다.

이처럼 기독교는 죽음을 두려움의 대상이 아니라, 하나님의 은혜 안에서 영원한 생명을 향한 확고한 소망으로 받아들입니다.

제5장

예수 그리스도 안에서 죽음과 부활

1. 예수 그리스도의 죽음과 부활

- 예수 그리스도의 죽음은 죄에서 해방시키는 사랑의 희생이다.
- 부활은 하나님이 인류에게 주신 생명과 희망 선언이다.
- 재림은 영원한 회복과 평화를 약속하는 완전한 희망이다.

2. 그리스도인의 죽음과 부활

- 그리스도인의 부활은 하나님의 절대 주권으로 이루어진다.
- 부활은 성령님 안에서 구원이 현실이 된 증거이다.
- 그리스도인의 부활은 영원한 생명의 언약이다.

제5장
예수 그리스도 안에서 죽음과 부활

앞서 죽음을 신학적으로 좀 더 심층적으로 이해하기 위해 일반적인 죽음의 개념뿐 아니라 인간의 발달단계에 따른 죽음 인식의 변화, 다양한 종교 전통 속에서의 죽음 이해, 성경과 기독교 신학 전통이 제시하는 핵심적인 관점들을 함께 살펴보았습니다.

이러한 신학적 탐구를 토대로 본 장에서는 기독교 신앙의 중심인 예수 그리스도의 죽음과 부활을 기반으로 하여, 그 의미가 그리스도인의 삶과 죽음에 어떠한 방식으로 적용되는지를 살펴보고자 합니다.

예수 그리스도와 그리스도의 의미

예수(Yeshua)는 예수님의 이름으로, 히브리어로 '여호와는 구원이시다' 또는 '구원하시는 하나님'이라는 의미를 지닙니다. 예수님의 사역이 하나님의 구원 계획의 중심임을 이름 자체가 드러내고 있습니다. 그리스도(Χριστός, Christos)는 예수님의 직함이며, 히브리어 메시아(Mashiach, 기름부음 받은 자)의 헬라어 번역입니다.

구약시대에는 왕, 제사장, 선지자와 같은 하나님께서 특별한 사명을 맡기신 인물들에게 기름을 부어 세우는 전통이 있었으며, 그리스도는 이러한 구원 사명을 위해 하나님께서 세우신 자라는 의미를 담고 있습니다. 따라서 예수 그리스도라는 호칭은 예수님의 인격(이름)과 구속 사역(직분)을 함께 담아낸 가장 완전한 신앙 고백의 표현입니다. 문맥에 따라 그리스도라는 단어만으로도 예수님을 지칭하는 데 전혀 문제가 없습니다.

1. 예수 그리스도의 죽음과 부활

성경은 죽음을 인생의 종결이 아닌, 하나님 나라로 들어가는 전환점으로 이해합니다. 이는 성도들에게 영원한 생명의 소망을 심어주며, 초대교회와 사도 바울은 이를 신앙의 핵심으로 고백하였습니다. 사도 바울은 예수 그리스도의 부활이 성도의 부활을 확증하는 보증임을 강조했습니다. 이러한 부활의 소망은 성도의 삶에 신앙적 방향성과 영원한 미래에 대한 확고한 희망을 제공하는 중심적 진리입니다. 인간은 자신의 능력으로 죽음의 문제를 극복할 수 없기에, 하나님께서는 예수 그리스도의 부활을 통해 죽음을 이기고 생명을 주시는 유일한 길을 열어 주셨습니다. 기독교 신앙은 예수님의 부활에 동참함으로써 죽음을 넘어선 생명의 가능성을 선포하며, 죽음을 더 이상 인생의 끝이 아니라 하나님 안에서의 새로운 시작으로 바라보게 합니다.

더 나아가 예수 그리스도께서는 구원의 완성을 위해 다시 오실 것을 약속하셨습니다. 이 재림의 약속은 미래 사건에 대한 기대를 넘어 지금 이 땅을 살아가는 성도들에게 지속적인 희망과 구원의 확신을 심어주는 복된 약속입니다. 그리스도인의 삶은 죽음과 부활 그리고 재림의 믿음 위에 세워져 있으며, 그 믿음은 날마다 우리의 삶을 붙들며, 소망 안에서 믿음으로 살아가게 하는 영적 토대가 됩니다.

» 부활의 개념과 이해

부활은 단순히 죽은 자가 다시 살아나는 사건이 아닙니다.

그것은 하나님께서 죽음을 넘어 새롭게 시작하시는 창조적 생명의 역사이며, 기독교 신앙의 핵심이자 인간 존재를 새롭게 해석하게 만드는 신비롭고 거룩한 선언입니다. 성경은 부활을 언급할 때 일으키다raise와 일어나다rise라는 표현을 사용하여 하나님의 주권적 개입과 존재의 새로운 출발을 동시에 드러냅니다. 이는 부활을 잠에서 깨어나는 일에 비유하며, 죽음을 생명의 문을 여는 전환의 순간으로 이해하게 합니다.

예수 그리스도의 부활은 단순한 생명 회복이 아니라, 하나님 나라의 새 질서 속에서 시작된 창조의 첫 열매입니다. 고린도전서 15장 20절에서 "그리스도께서 죽은 자 가운데서 다시 살아나사 잠자는 자들의 첫 열매가 되셨도다"라고 말씀합니다. 여기서 잠자는 자들이란 이미 세상을 떠난 성도들을 가리키며, 우리 또한 죽음을 맞이해도 잠자는 자로 불리게 됩니다. 죽음은 끝이 아니라 부활을 기다리는 잠시의 쉼으로 묘사됩니다.

이스라엘 백성은 추수기에 처음 익은 곡식을 거두어 하나님께 '요제'로 드렸습니다. 그들은 이른 비와 늦은 비를 주신 하나님의 은혜에 감사하며, 앞으로 30배, 60배, 100배의 결실을 허락해 달라고 기도했습니다. 첫 열매는 단지 한 줌의 곡식이 아니라, 앞으로 들판의 모든 곡식이 반드시 익어 추수될 것을 보증하는 상징이었습니다. 즉 첫 열매가 있으니 그 뒤에 반드시 더

많은 열매가 따라온다는 확실한 증거입니다. 예수님의 부활이 바로 그 첫 열매입니다. 예수님이 죽음을 이기시고 다시 살아나심으로, 그 뒤를 따르는 모든 성도의 부활이 반드시 이루어질 것을 하나님께서 확증하신 것입니다.

헬라어 원어에서 보증은 선불, 계약금, 약속의 담보라는 뜻을 가집니다. 즉 예수님의 부활은 하나님께서 우리의 부활을 이미 담보해 주신 약속입니다. 그러므로 예수님의 부활은 곧 나의 부활입니다. 이것이 바로 예수님을 구주로 믿는 자가 누리는 최고의 은혜요, 영원히 빼앗기지 않을 부활의 소망입니다. 우리가 예수님을 믿는다고 할 때 그것은 부활을 믿는 것입니다.

예수님의 부활은 모든 성도가 참여하게 될 생명의 실체이며, 지금도 유효한 하나님의 생명 역사를 보여주는 중심 사건입니다. 기독교에서 부활은 삶과 죽음, 존재와 목적을 새롭게 조명하는 진리입니다. 이는 단순한 위로나 상징을 넘어 역사적 실재이자 구속의 중심 사건입니다. 종말론적 미래의 실현을 약속하는 현실적인 희망입니다.

신약성경은 예수 그리스도의 부활을 종말론적 사건의 시작으로 제시하며, 예수님이 죽음을 이기고 새 생명의 존재로 일어나셨음을 선포합니다로마서 6:9; 고린도전서 15:42.

성경은 부활을 생명의 부활과 사망의 부활로 구분합니다. 생명의 부활은 하나님께서 마련하신 새 하늘과 새 땅에 참여하는 은총의 회복입니다요한계시록 21:1. 반대로 사망의 부활은 궁극적인 심판과 영원한 형벌에 이르는 상태를 뜻합니다요한계시록 21:8. 이러한 신앙적 이해 속에서 성도는 현실의 고난과 고통 가운데에서도 절망하지 않습니다. 그 이유는 장차 부활의 날에 모든 것이 새롭게 회복되리라는 확고한 믿음이 있기 때문입니다.

우리가 소망하는 생명의 부활은 죽음만을 이기는 사건이 아니라 두 가지 중요한 능력을 담고 있습니다. 첫째는 죄와 죽음으로 깨어진 존재와 관계가 하나님의 은혜로 온전히 회복되는 역사입니다. 둘째는 부흥의 능력으로, 단순한 복원이 아니라 새로운 질서와 본질적 변화가 이루어지는 창조의 완성입니다.

이러한 회복은 세 가지 구체적인 영역에서 나타납니다.

첫째, 생명의 회복입니다.

모든 죽음은 부활의 날에 생명으로 다시 태어납니다. 죽음은 존재의 종결이 아니라 새로운 생명의 탄생을 위한 고요한 기다림입니다.

둘째, 아름다움의 회복입니다.

요한계시록 21장 2절은 새 하늘과 새 땅이 신랑을 위해 단장한 신부처럼 아름답다고 묘사합니다. 죄로 인해 왜곡되고 잃어버린 세상의 순결함과 인간의 존엄, 삶의 아름다움이 부활을 통해 다시 회복됩니다.

셋째, 완전함의 회복입니다.

이 땅의 삶은 불완전과 고통, 실패와 눈물로 가득하지만, 부활은 이 모든 것을 넘어 완전하고도 온전한 하나님 나라의 실현으로 이어집니다. 그곳에는 "다시는 사망이 없고 애통하는 것이나 곡하는 것이나 아픈 것이 다시 있지 아니하리니"요한계시록 21: 4 라고 말씀하고 있습니다.

결국, 부활은 죽음을 넘어선 새로운 시작이며, 하나님께서 열어 주신 영원한 생명의 문입니다. 예수 그리스도의 부활은 성도들에게 삶의 의미와 희망을 부여하고, 마침내 아름답고 완전한 새 하늘과 새 땅으로 이끄는 거룩한 약속의 성취입니다.

» 예수 그리스도의 부활

기독교는 부활에 대한 신앙을 중심으로 세워진 종교입니다. 그 중심에는 예수 그리스도의 부활 사건이 있습니다. 이 사건은 상징이나 비유가 아니라, 기독교 신앙의 실제적이며 역사적인 토대입니다. 예수님의 빈 무덤은 실제 죽음과 부활을 입증하며, 이를 통해 예수님이 참사람이셨음을 확인할 수 있고, 부활 사건 전체는 예수님의 신성과 구속 사역의 권위를 증거합니다. 사도 바울은 로마서 1장 3-4절에서 "죽은 자들 가운데서 부활하사 능력으로 하나님의 아들로 선포되셨다"고 고백하며, 예수님의 신성과 구속 사역이 부활을 통해 확증되었음을 선포합니다.

예수님의 부활은 과학적으로 검증 가능한 사건이 아닙니다. 죽은 자가 다시 살아나는 부활은 실험이나 관찰의 대상이 아닙니다. 그 이유는 과학이 다룰 수 있는 영역이 죽음 이후의 세계에 이르지 못하기 때문입니다. 부활은 하나님의 주권 아래 이루어진 초월적 사건이며, 이는 신앙의 차원에서 이해되고 받아들여야 할 핵심 진리입니다.

신약성경은 이 부활을 복음의 핵심 진리로 증거하고 있고, 복음서들은 부활의 사건을 중심에 두고 서술하고 있습니다. 예수님은 공생애 중 여러 차례 자신의 죽음과 부활을 예고하셨습니다마태복음 20:19; 마가복음 9:9; 요한복음 11:25-26. 특히 "나는 부활이요 생명이니…"라는 요한복음의 선언은, 부활이 생명의 연장이 아닌, 영원한 생명의 본질 그 자체임을 명확히 보여줍니다. 예수님의 부활은 하나님 나라의 권능이 나타난 결정적 사건이며, 모든 성도들이 소망하는 영원한 생명의 근거입니다.

복음서에는 부활을 직접 목격하거나 경험한 증인들이 구체적으로 기록되어 있습니다.

부활의 목격자

- 빈 무덤을 확인한 여인들, 베드로와 요한(마태복음 28:6; 요한복음 20:1–8)
- 부활하신 예수님을 만난 막달라 마리아(요한복음 20:11–18)
- 엠마오의 제자들과 열한 제자(누가복음 24:13–49; 마태복음 28:16–20)
- 다메섹 도상에서 예수님을 만난 사도 바울(사도행전 9:3–6; 고린도전서 15:8)
- 부활하신 주님을 하늘을 우러러 본 스데반(사도행전 7:55)
- 밧모섬에서 환상 중 주님을 본 사도 요한(요한계시록 1:9–10)

이 모든 증언은 부활이 실제 역사적 경험이었음을 뒷받침합니다.

성경에는 일시적 소생의 사례들도 등장합니다.

일시적 소생자들

구약

- 사르밧 과부의 아들(열왕기상 17:17-24)
- 수넴 여인의 아들(열왕기하 4:32-35)
- 엘리사의 뼈에 닿은 시체(열왕기하 13:20-21)

신약

- 야이로의 딸(마태복음 9:23-25)
- 나인 성 과부의 아들(누가복음 7:11-15)
- 나사로(요한복음 11:43-44)
- 도르가(사도행전 9:36-40)
- 유두고(사도행전 20:9-12)

이들은 다시 살아났지만 결국 다시 죽음을 맞이했습니다. 반면, 예수님의 부활은 본질적으로 다릅니다. 예수님은 다시는 죽음을 경험하지 않는 영원한 몸으로 부활하셨으며, 그 부활은 하늘의 삶으로 들어가는 완전한 변화입니다.

예수님께서는 부활하신 후 40일 동안 제자들과 함께하시며, 부활의 실재를 몸소 나타내셨습니다. 이는 승천을 통한 하나님의 나라 통치로 이어지는 영광스러운 과정이었습니다. 사도 바울은 고린도전서 15장에서 부활이 신앙의 핵심이며, 부활이 없다면 우리의 믿음과 복음 전파가 모두 헛되다고 단언합니다. 그는 부활하신 예수님께서 500여 명에게 나타나셨음을 증언하며, 부활이 단순한 개인 체험이 아니라 공동체가 함께 목격한 역사적 사건임을 선포합니다.

한때 제자들은 십자가에서 죽으신 예수님을 보고 절망하며 흩어졌습니다. 그러나 부활하신 주님을 만난 후, 그들은 완전히 변화되었습니다. 사도행전 2장 32절은 이렇게 증언합니다. “이 예수를 하나님이 살리신지라 우리가 다 이 일에 증인이로다.” 그들은 더 이상 두려움 속에 숨지 않았고, 목숨을 아끼지 않으며 복음을 전하다 순교에 이르렀습니다. 이처럼 예수님의 부활은 모든 믿는 자들이 장차 누리게 될 부활의 확실한 보증이며, 죽음을 넘어 영원한 생명과 구원의 완성을 바라보게 하는 신앙의 토대입니다.

역사학자 토머스 아놀드Thomas Arnold, 1795-1842, 영국 옥스퍼드 대학교 교수와 신학자 찰스 핫지Charles Hodge, 1797-1878, 미국, 프린스턴 신학교 교수를 비롯한 많은 학자들은 예수님의 부활을 역사적으로 가장 강력하게 입증된 사건 중 하나로 평가합니다. 2천 년이 흐른 지금도 예수님의 탄생, 십자가, 부활 사건은 변함없이 기독교 신앙의 중심으로 존속되고 있습니다.

기독교는 예수님의 생애와 기적뿐 아니라, 십자가와 부활에 근거한 신앙입니다. 부활은 교리의 일부가 아니라 복음의 심장이며, 다른 종교와 구별되는 기독교 신앙의 결정적 진리입니다. 예수님은 자신의 죽음과 부활을 미리 예고하셨고마태복음 16:21; 마가복음 8:31; 누가복음 9:22, 성부 하나님께서는 성령의 능력으로 성자 예수 그리스도를 죽은 자 가운데서 다시 살리셨습니다. 성령님은 이 부활 사건이 오늘날 믿는 자 안에 역사하도록 만드시며, 모든 성도는 예수님의 부활을 자신의 부활의 보증으로 확신하고 영원한 생명과 소망을 굳게 붙잡고 살아가야 합니다.

» 예수 그리스도의 재림과 의미

성경은 예수 그리스도의 재림에 대해 정확하게 증언합니다. 예수님은 이 땅에 오셔서 인류를 위한 구원의 사역을 이루셨으며, 그 구원을 완성하시기 위해 다시 오실 것을 친히 선언하셨습니다. 이 재림 신앙은 단순한 교리가 아닌, 부활신앙과 함께 기독교 신앙의 핵심 고백이자 모든 성도의 소망이며, 우리에게 깨어 있음과 준비의 삶을 촉구하는 진리입니다.

신약성경 전반에 걸쳐 예수님이 다시 오신다는 약속은 반복되어 나타나며, 그 횟수는 수백 차례에 이릅니다. 이는 단순한 신화나 상징이 아니라 하나님의 구속 역사가 완성을 향해 나아가고 있다는 확증이며, 동시에 성도의 경건한 삶과 사명에 대한 부르심입니다.

예수님은 재림의 날짜와 시간은 누구도 알 수 없다고 하셨습니다. 마태복음 24장 36절에서는 "그 날과 그 때는 아무도 모르나니 하늘의 천사들도, 아들도 모르고 오직 아버지만 아시느니라"고 하셨고, 사도행전 1장 7절에서는 "때와 시기는 아버지께서 자기 권한에 두셨으니 너희의 알 바 아니요"라고 하셨습니다. 그러므로 성도는 종말의 징조를 계산하거나 예측하기보다 주어진 사명을 성실히 감당하는 삶에 집중해야 합니다.

예수님께서는 사도행전 1장 8절에서 "오직 성령이 너희에게 임하시면 너희가 권능을 받고 예루살렘과 온 유대와 사마리아와 땅 끝까지 이르러 내 증인이 되리라"고 하시며, 복음 전파와 제자도의 삶이 재림을 기다리는 바른 자세임을 분명히 하셨습니다.

성경은 예수님의 재림에 대해 네 가지 특징을 제시합니다.

첫째, 예수님은 친히 다시 오십니다.

예수님은 요한복음 14장 3절에서 "내가 다시 와서 너희를 내게로 영접하여"라고 하셨고, 바울도 데살로니가전서 4장 16절에서 "친히 하늘로부터 강림하시리니"라고 증언합니다.

둘째, 예수님은 모든 사람이 눈으로 보게 될 실제 사건입니다.

사도행전 1장 11절은 "너희 가운데서 하늘로 올려지신 이 예수는 하늘로 가심을 본 그대로 오시리라"고 말하며, 마태복음 24장 30절에서는 "인자가 구름을 타고 능력과 큰 영광으로 오는 것을 보리라"라고 말씀합니다. 이는 재림이 내면의 상징이나 은유가 아닌, 모든 인류가 직접 목격하게 될 역사적 사건임을 뜻합니다.

셋째, 예수님은 예상하지 못한 시점에 갑작스럽게 재림하십니다. 마태복음 24장 27절은 "번개가 동편에서 나서 서편까지 번쩍임같이 인자의 임함도 그러하리라"고 말씀하며, 이는 재림이 순식간에 임하게 됨을 강조합니다.

넷째, 예수님은 영광과 권능 가운데 심판주로 오십니다.

마가복음 13장 26절은 "그 때에 인자가 구름을 타고 큰 권능과 영광으로 오는 것을 사람들이 보리라"고 말하며, 누가복음 21장 27절에서도 "그 때에 사람들이 인자가 구름을 타고 능력과 큰 영광으로 오는 것을 보리라"고 말씀하고 있습니다. 예수님은 먼저 겸손과 순종의 종의 모습으로 오셨지만, 재림 때는 심판주로서 하나님의 영광과 권세를 드러내십니다. 이와 같은 재림은 실제적이며 우주적인 사건으로, 재림의 날은 모든 인류 앞에서 하나님의 공의가 드러나는 날입니다.

예수님의 재림은 개인 구원의 완성을 넘어, 온 우주의 종말과 심판이 이루어지는 날입니다. 죽은 자들이 부활하고, 살아 있는 자들은 변화되어 하나님의 심판대 앞에 서게 됩니다. 각 사람은 자기 삶에 대한 책임을 져야 하며, 결과는 영원한 생명과 멸망으로 나뉘게 됩니다. 그러나 이러한 종말 신앙은 수동적인 기다림이 아닌, 현재를 더욱 신실하고 거룩하게 살아가도록 이끄는 능동적 동기가 됩니다. 성도는 그날을 기억하며 하나님의 뜻에 순종하는 준비된 삶을 살아가야 합니다.

예수 그리스도의 십자가는 죄를 대신한 구속의 사역이며, 부활은 죽음을 이기고 새 창조를 여신 결정적인 승리의 사건입니다. 바울은 예수님의 부활이 성도의 부활을 확증하는 보증임을 강조했으며고린도전서 15장, 이 부활은 단순한 역사적 사건이 아니라 종말론적 구원의 정점으로서, 성도에게 확신과 소망을 부여하는 믿음의 근거입니다. 예수님의 재림은 이 구속의 완성으로, 하나님의 정의가 온전히 이루어지는 사건이며, 모든 성도는 이 날을 깨어 있는 신앙으로 소망 중에 기다려야 합니다.

예수 그리스도의 재림은 기독교 신앙의 완성입니다. 이 소망은 성도로 하여금 현재의 삶을 의미 있게 만들고, 장차 도래할 영원한 하나님 나라를 바라보며 살아가게 하는 신앙의 자세를 아름답게 만듭니다. 그러므로 성도는 거룩하고 경건한 삶으로 그 날을 준비하며, 말씀에 순종하고 성령님의 인도하심 속에 복음을 증거하는 삶을 살아가야 합니다. 그날은 우리의 심판의 날이기도 하지만, 동시에 영원한 생명과 완전한 구속이 이루어지는 영광의 날이 될 것입니다.

2. 그리스도인의 죽음과 부활

예수 그리스도의 부활. 그것은 인류 역사에서 가장 결정적인 사건이며 하나님의 구원 계획의 정점입니다. 하나님께서 인류에게 주신 가장 위대한 축복입니다. 이 사건은 단순한 기적이나 신화가 아니라 하나님의 주권과 능력이 실제 역사 속에서 선포된 사건이며, 죄와 죽음의 권세 아래 있던 인류에게 구원의 길을 여신 하나님의 은혜 선언입니다. 예수님을 믿는 자마다 그 부활의 능력 안에서 죽었던 영혼이 살아나며, 영원한 생명을 얻고 천국의 소망을 누릴 수 있습니다. 예수님께서 부활의 첫 열매가 되셨듯이, 예수님을 믿는 모든 이의 무덤 또한 궁극적으로 빈 무덤이 될 것이며, 그리스도와 함께 영광의 삶에 참여하게 될 것입니다고린도전서 15:20-23.

예수님의 죽음은 인류의 비극이 아니라, 하나님의 구원 계획 가운데 이루어진 대속의 희생입니다. 죄 없으신 예수님께서 인류의 죄를 대신 짊어지고 죽음을 받아들이신 것은, 하나님의 공의와 사랑이 교차하는 구속의 절정이었습니다고린도후서 5:21.

성도는 그리스도와 연합함으로 예수님의 죽음에 동참하고, 옛사람은 십자가에 못 박히며, 부활에 동참함으로 새로운 피조물로 살아가는 은혜를 누리게 됩니다로마서 6:3-10.

예수님의 부활은 종교적 신념이나 상징이 아니라, 하나님의 주권 아래 실제로 일어난 역사적 사건입니다. 사도행전 2장 32절에서 "이 예수를 하나님이 살리신지라 우리가 다 이 일에 증인이로다"는 사도들의 증언은, 그 부활이 실제적이고 공동체적 체험을 통해 확증된 사실임을 보여줍니다. 이 부활은 하나님께서 생명과 죽음을 다스리시는 주권자이심을 선포하는 사건이며, 부활에 대한 신앙을 가진 자들에게는 죽음을 넘어서는 생명의 확실한 소망이 됩니다. 예수님 안에서 죽음은 종말이 아니라 새로운 시작, 곧 하나님의 영원한 생명으로 들어가는 은혜의 관문이 되는 것입니다.

이처럼 예수님의 죽음과 부활은 모든 그리스도인이 죽음을 어떻게 받아들이고 준비해야 할지를 비추는 거울이며, 궁극적인 소망을 향해 나아가도록 이끄는 기준입니다. 그러므로 우리는 이 믿음의 기초 위에서, 그리스도인의 죽음에 대한 바른 이해와 부활 소망 안에서 삶의 태도를 진지하게 성찰해 보아야 할 것입니다.

» 그리스도인의 죽음

오늘날을 살아가는 그리스도인이라 할지라도 죽음의 형태나 과정이 세상 사람들과 특별히 다르지는 않습니다. 그러나 그리스도인의 죽음은 세속적 관점과 전혀 다른 의미를 지니며, 모든 시대를 초월해 신앙의 본질 속에서 이해되어야 할 영적인 사건입니다.

성경은 죽음을 단순한 종결이 아닌, 하나님을 위한 삶의 완성으로 제시합니다. 그리스도인의 죽음은 성화의 여정이 마침내 완성되는 순간이며, 하나님 안에서 안식과 평안을 누리는 새로운 출발점이 됩니다. 그 순간은 고통의 종결이 아니라 하나님의 영광에 참여하는 영원한 삶의 입구입니다요한복음 21:19; 요한계시록 2:10, 12:11. 예수 그리스도의 죽음과 부활에 연합된 성도는, 옛사람이 죽고 새 생명으로 살아가는 존재로 변화됩니다로마서 6:3-10; 빌립보서 3:10. 이는 상징이 아닌 실제이며, 죄의 권세에서 해방된 생명의 전환점입니다골로새서 2:13, 3:3; 히브리서 9:14.

예수님의 말씀을 믿는 자는 죽음을 두려워하지 않습니다. 오히려 죽음 이후 주어질 영원한 생명에 대한 소망 안에서 오늘을 살아갑니다요한복음 11:25-26. 반면 복음을 거절하는 자는 죄 가운데 죽음에 이르며, 예수 그리스도는 그 심판의 기준이 되십니다요한복음 8:24; 고린도후서 2:16. 죽음은 영원한 운명이 결정되는 영적 분기점입니다요한복음 8:51. 예수 그리스도께서는 자신의 죽음을 통해 구원의 길을 여셨고, 성도의 죽음 또한 하나님 나라의 관점에서 해석되어야 합니다. 그리스도와 함께 죽은 자는 그와 함께 살아날 것을 확신합니다로마서 6:8-9; 디모데후서 2:11.

성경은 죽음을 삶의 종말로 말하지 않습니다. 죽음은 하나님 안에서 삶이 이어지는 여정이며 부활 신앙 안에서 삶의 연속선상에 놓여 있습니다로마서 8:11. 믿음과 소망과 사랑은 그 죽음을 초월하는 능력이며, 복음을 위해 살다가 죽음을 맞는 것조차 하나님의 영광을 드러내는 거룩한 행위입니다. 그러므로 그리스도인의 죽음은 공포의 대상이 아니라 이미 생명 안에 들어온 자들이 맞이하는 순례의 마지막 걸음입니다요한일서 3:14; 요한복음 11:26. 예수님의 죽음과 부활은, 우리가 죽음을 넘어 생명을 향해 나아갈 수 있음을 보여주는 명백한 증거입니다. 바울은 “죽음이나 생명이나 그 어떤 것도 우리를 그리스도 안에 있는 하나님의 사랑에서 끊을 수 없다”고 고백합니다로마서 8:38-39. 따라서 그리스도인의 죽음은 절망이 아니라 소망의 표징, 하나님께서 준비하신 영원한 생명에 이르는 문입니다.

예수님께서 요한복음 11장 25-26절에서 하신 말씀은 죽음을 향한 신앙 고백의 정수입니다. "나는 부활이요 생명이니 나를 믿는 자는 죽어도 살겠고 무릇 살아서 나를 믿는 자는 영원히 죽지 아니하리니 이것을 네가 믿느냐"고 선언하신 말씀은 단순한 위로를 넘어 그리스도인의 존재 이해를 규정하는 근본 진리입니다. 우리가 이 땅에서 부활의 신앙을 붙들고 살아갈 이유입니다. 오늘의 선택과 헌신은 천국을 준비하는 과정이며, 주를 위하여 드려지는 우리의 삶은 하늘의 상급을 바라보는 믿음의 걸음이 되어야 합니다.

» 죽음에 대한 태도

죽음은 누구나 한 번쯤 깊이 고민해야 할 인생의 본질적 문제입니다. 그러나 참된 그리스도인은 죽음을 두려움이나 절망으로만 받아들이지 않습니다. 사도 바울은 죽음을 이 세상과 영원한 하나님 나라를 잇는 통로로 바라보았습니다. 그는 죽음을 피하거나 외면하지 않았고, 주께서 먼저 가셔서 그 길을 준비하셨다는 믿음 안에서 영광의 문으로 담담히 받아들였습니다. 그러한 자세는 구원에 대한 확신 그리고 죽음 이후에도 하나님께서 성도를 신실히 인도하신다는 신앙에서 비롯된 것이었습니다.

성도가 예수 그리스도 안에서 죽는 날은, 진정한 영광의 시작입니다. 그날, 이 땅에서 겪던 죄와 고통, 슬픔과 실망은 모두 사라지고, 우리는 완전한 자유와 기쁨 속에서 하나님과 온전히 교제하는 삶으로 들어갑니다. 죽음은 더 이상 인생의 끝이 아니라 성화의 완성이자 하나님과의 연합을 이루는 관문입니다. 예수 그리스도의 십자가와 부활로 인해 죽음은 더 이상 형벌이 아니라 하나님과의 친밀함으로 들어가는 마지막 여정이 되었습니다. 요한일서 3장 2절은 "그가 나타나시면 우리가 그와 같을 줄을 아는 것은 그의 참 모습 그대로 볼 것이기 때문이니"라고 말하며, 고린도후서 3장 18절에서 "주의 영광을 보매 그와 같은 형상으로 변화하여"라는 바울의 고백은 죽음 이후에도 계속될 영광스러운 회복을 확신하게 합니다.

그렇다고 죽음을 무조건 축복으로만 여길 수는 없습니다. 죽음은 분명히 죄로 인해 세상에 들어온 고통의 결과이며 애통과 이별의 슬픔이 동반된 비극적인 현실입니다. 심지어 신실한 성도들도 죽음을 앞두고 두려워하며 이별의 눈물을 흘리곤 합니다. 그러나 예수님께서 죽음의 권세를 이기셨기에, 예수님을 따르는 자는 두려움이 아닌 담대함으로 죽음을 맞이할 수 있습니다. 하나님은 죽음을 새로운 생명으로 들어가는 관문으로 바꾸셨습니다. 죽음은 누구에게나 반드시 다가오는 피할 수 없는 현실입니다. 그러므로 지혜로운 사람은 죽음을 외면하지 않고 믿음으로 준비하는 사람입니다. 삶이 언제 끝날지 알 수 없는 우리는 날마다 하나님 앞에서 깨어 있는 삶, 회개하는 삶, 순종하는 삶을 살아야 합니다. 죽음을 준비한다는 것은 단순히 종말을 기다리는 것이 아니라 매일의 삶을 하나님 앞에 신실하게 살아내는 것입니다.

예수님은 우리에게 이 땅에서 충성되게 살아갈 것을 명령하셨으며, 마침내 우리는 주 앞에 서게 될 것입니다. 그날, 무덤은 끝이 아니라 하나님 나라로 향하는 문이 될 것이며, 지상의 삶은 영원을 준비하는 기간이었음을 깨닫게 될 것입니다. 그리스도인은 이 땅에서 날마다 자기 욕망과 죄를 십자가에 못 박으며 살아갑니다. 잘 사는 삶 못지않게 하나님 앞에서 신앙으로 마지막을 준비하는 삶은 중요합니다. 죽음은 하나님께 모든 것을 맡기는 완성의 순간입니다. 시편 116편 15절에서 “경건한 자들의 죽음은 여호와께서 보시기에 귀중한 것이로다”라고 말씀하고 있으며, 요한계시록 14장 13절에서도 “주 안에서 죽는 자들은 복이 있도다”라고 성도의 죽음을 귀히 여깁니다. 죽음조차 하나님의 손안에 있다는 확신을 우리에게 줍니다.

그리스도인의 죽음은 부활로 향하는 믿음의 여정입니다. 이 여정은 고통의 통과이기보다 영원한 생명을 향한 하나님의 인도하심입니다. 그러므로 성도는 죽음을 견디는 것이 아니라 그 너머에 있는 부활의 소망과 희망을 품고 살아갑니다.

» 죽음을 극복하는 희망

인간은 누구나 본능적으로 죽음을 두려워합니다. 그러나 그 두려움을 이기는 유일한 힘은 희망입니다. 죽음을 올바로 받아들이고 직면할 수 있는 능력조차도 우리 내면 깊은 곳에 자리한 참된 희망에서 비롯됩니다. 그렇다면 성도가 붙들어야 할 이 희망은 무엇이며 그 근거는 어디에 있을까요? 인간은 희망을 갖는 존재가 아니라 희망을 향해 살아가는 존재입니다. 희망이 없다면 사랑도, 수고도, 삶 자체도 지속될 수 없습니다. 여기서 말하는 희망은 단순한 낙관이나 기대가 아니라 죽음을 넘어서는 생명에 대한 확신과 존재의 방향성입니다. 참된 희망은 죽음을 인생의 끝으로 여기지 않고, 그 너머에 있는 하나님의 계획과 영원한 생명을 믿는 데서 시작됩니다.

이 희망은 인간의 철학이나 바람에서 나온 것이 아닙니다. 기독교는 예수 그리스도의 부활을 죽음을 이긴 희망의 유일한 근거로 선포합니다. 십자가에 달려 죽으신 예수님은 우리의 죄와 실존의 고통을 짊어지신 구속자이십니다. 그러나 하나님은 그 죽음을 넘어 예수님을 다시 살리셨고, 부활의 문을 여심으로 새로운 생명의 가능성을 선포하셨습니다. 예수님의 부활은 예수님 한 분만의 사건이 아닙니다. 그것은 모든 인류를 향한 하나님의 구원 약속이자 미래의 실체입니다.

우리가 죽음을 두려워하지 않을 수 있는 이유는 부활하신 주님께서 먼저 그 길을 걸으셨기 때문입니다. 우리의 희망은 우리 자신이 아닌 하나님의 신실하신 언약에 뿌리내리고 있습니다.

이 부활의 희망은 현재의 삶을 의미 있게 하며, 죽음을 더 이상 절망이 아닌 하나님과의 연합을 향한 통로로 바라보게 합니다.

사도 바울은 로마서 8장 39절에서 "어떤 피조물이라도 우리를 우리 주 그리스도 예수 안에 있는 하나님의 사랑에서 끊을 수 없으리라"고 말하고, 데살로니가전서 4장 13절에서는 " 소망 없는 다른 이와 같이 슬퍼하지 않게 하려 함이라"고 권면합니다.

우리의 인생은 결국 영원을 향한 짧은 순례입니다. 이 여정의 끝에서 하나님 앞에 남는 것은 재물이나 업적이 아닌, 믿음과 성품입니다.

하나님은 우리에게 임마누엘의 약속과 부활의 은혜를 주셨습니다. 우리는 이 땅에서 희망의 사람으로 부르심을 받은 자들입니다. 그리스도인은 죽음을 종말로 말하지 않습니다. 죽음은 하나님의 영광을 향한 문이며, 희망의 열매가 피어나는 자리입니다.

죽음을 초월한 삶의 태도는 곧 부활의 소망 안에 살아가는 삶의 자세입니다. 지금 이 시간은 다가올 영원을 준비하는 믿음의 훈련이자 소망의 실천입니다. 주님을 신뢰하며 말씀에 순종하고, 이웃을 사랑하고 섬기는 삶 속에서 우리는 죽음을 이기는 희망의 흔적을 남기게 됩니다.

» 그리스도인의 부활

인간은 스스로의 힘으로 죽음을 극복할 수 없습니다. 죽음은 누구에게나 다가오는 피할 수 없는 현실이며 그 앞에서 우리는 존재의 연약함과 무력함을 경험합니다. 그러나 하나님께서는 예수 그리스도의 부활을 통해 인간이 죽음을 이길 수 있는 새로운 길을 열어 주셨습니다. 이 부활은 과거에 일어난 하나의 사건이 아닙니다. 하나님 안에서의 새로운 시작으로 받아들입니다. 이 부활은 단순한 생명의 연장이 아니라, 전혀 새로운 창조의 시작이며 하나님 나라의 영광에 참여하는 전환점입니다.

그리스도인의 부활은 전적으로 예수 그리스도의 부활에 기초하고 있습니다. 예수 그리스도의 부활을 믿고 구주로 영접하는 순간, 부활하신 주님이 성령으로 우리 마음에 거하시며 죽었던 영혼이 살아납니다. 그리스도의 부활이 곧 나의 부활이 되어, 우리 역시 죽음을 넘어 영원한 생명으로 다시 살아나게 됩니다. 이것이 바로 기독교 신앙의 중심이며 복음의 핵심 진리입니다. 예수님의 부활과 연합한 우리는 새로운 생명에 이르는 은혜를 누리게 됩니다. 그러므로 성도의 죽음은 신앙의 여정이 완성되는 지점입니다. 장차 부활의 영광에 참여하게 될 은혜의 약속 안에 놓인 표징입니다.

구약성경에서도 죽음 이후에 부활에 대한 내용들이 암시적으로 나타납니다. 욥은 "내가 알기에는 나의 대속자가 살아 계시니…내가 육체 밖에서 하나님을 보리라"욥기 19:25-26고 고백하였고, 다니엘은 마지막 날 많은 자들이 "깨어나 영생을 받는 자도 있겠고"다니엘 12:2라고 말합니다.

신약성경에서 예수님께서도 "하나님은 죽은 자의 하나님이 아니요 살아 있는 자의 하나님이시니라"마태복음 22:32라고 말씀하심으로, 하나님 안에서 죽은 자들도 살아 있음을 선포하셨습니다. 예수님은 요한복음 11장 25-26절에서 "나는 부활이요 생명이니 나를 믿는 자는 죽어도 살겠고 무릇 살아서 나를 믿는 자는 영원히 죽지 아니하리니"라고 이 소망의 본질을 분명히 하십니다. 이 선언은 생명의 본질이 예수 그리스도 안에 있음을 밝히며 부활이 단순한 위로가 아닌 신앙의 핵심 진리임을 선포합니다.

바울은 로마서 6장 5절에서 "우리가 그의 죽으심과 같은 모양으로 연합한 자가 되었으면 또한 그의 부활과 같은 모양으로 연합한 자도 되리라"고 말하였고, 베드로는 베드로전서 1장 3-4절에 "산 소망"과 "썩지 않고 더럽지 않고 쇠하지 아니하는 유업"을 말씀합니다.

바울은 고린도전서 15장 14절, 19절에서 "그리스도께서 만일 다시 살아나지 못하셨으면 우리가 전파하는 것도 헛것이요 또 너희 믿음도 헛것이며, 모든 사람 가운데 우리가 더욱 불쌍한 자이리라"라며 부활이 없으면 복음도 존재할 수 없음을 단언합니다.

당시에도 부활 논쟁은 존재했습니다. 바리새인들은 부활을 믿었으나 사두개인들은 이를 부정했고마태복음 22:23; 사도행전 23:8, 고린도 교회 내에서도 부활을 상징이나 은유로 축소하려는 시도가 있었습니다고린도전서 15:12. 그러나 바울은 부활은 실제로 임할 하나님의 약속이며, 성도의 몸도 영광스러운 부활체로 변화될 것이라 선포합니다고린도전서 15:42-44; 로마서 8:11.

예수님께서 영광의 몸으로 부활하신 것처럼 성도들도 변화된 부활체를 입게 될 것입니다고린도전서 15:49; 빌립보서 3:21. 바울은 고린도전서 15장에서 부활은 영적 상징이 아닌, 썩지 않고 영광스러운 신령한 몸으로 변화되는 실제적 진리임을 강조합니다. 로마서 8장 11절은 "예수를 죽은 자 가운데서 살리신 이의 영이 너희 안에 거하시면 그리스도 예수를 죽은 자 가운데서 살리신이가 너희 안에 거하시는 그의 영으로 말미암아 너희 죽을 몸도 살리시리라"는 이 말씀은 성령님의 능력으로 우리의 부활이 이루어질 것을 약속하시는 말씀입니다.

이처럼 그리스도인의 부활은 하나님의 절대적인 주권 안에서, 예수 그리스도의 역사적 부활을 기초로, 성령님의 능력으로 이루어지는 실제적인 생명의 진리입니다. 이는 단순히 미래에 대한 위로나 교리적 명제가 아니라 오늘을 살아가는 성도의 삶을 이끄는 가장 깊은 동기이며, 죽음조차 초월하게 하는 믿음의 능력입니다.

우리의 믿음은 현재의 고통을 견디게 돕는 위안에 그치지 않고, 장차 이루어질 하나님의 나라와 부활의 영광을 바라보게 합니다. 그러므로 우리는 예수 그리스도를 믿고, 부활의 신앙 안에 거하며, 현재의 삶 속에서도 그 부활 생명을 누리는 자로 살아가야 합니다.

그리스도인의 부활은 하나님의 절대적인 주권 아래에서 이루어지며, 예수 그리스도의 역사적 부활을 토대로 성령님의 능력 안에서 실현되는 구원의 성취입니다. 이 부활은 감정적 위로나 막연한 희망에 그치지 않고, 영원한 생명으로 이끄는 하나님의 확고한 약속이자, 성도들이 오늘의 삶을 믿음과 소망으로 살아가게 하는 가장 깊은 신앙적 원동력입니다.

핵심 정리

예수 그리스도의 죽음과 부활은 시간의 역사와 영원의 질서를 잇는 하나님의 완전한 구속 계획입니다. 이 진리 안에서 우리는 죽음을 소망으로 바라봅니다. 부활은 새 하늘과 새 땅을 향해 나아가는 구속의 완전한 출발점이며, 참된 새 창조의 서막입니다. 예수 그리스도와 연합한 성도는 그 부활의 능력에 참여함으로써 장차 이루어질 영원한 삶을 확신하며 살아갑니다. 예수님의 부활은 성도의 미래 부활을 보증하는 기독교 신앙의 중심 진리입니다.

또한 예수 그리스도의 재림은 구속의 완성과 하나님의 심판과 의가 완전히 나타나는 날로, 성도는 이날을 소망하며 거룩한 삶으로 준비해야 합니다. 결국 성도에게 죽음은 끝이 아니라 하나님과 영원히 함께하는 새로운 생명의 시작이며, 믿음과 소망 안에서 담대히 맞이해야 할 은혜의 문입니다.

낙원과 연옥, 천국과 지옥, 천사와 마귀

낙원은 죽은 성도의 영혼이 예수 그리스도와 함께 거하는 임시적 안식처를 의미합니다. 예수님께서는 십자가 위에서 회개한 강도에게 "오늘 네가 나와 함께 낙원에 있으리라"(누가복음 23:43)고 약속하셨습니다. 이 말씀은 성도가 죽음 직후 영혼으로 하나님의 임재 안에 들어가 눈물과 고통이 없이 평안과 위로를 누린다는 확실한 보증입니다.

사도 바울 또한 "셋째 하늘 곧 낙원에 이끌려 갔다"(고린도후서 12:2-4)고 증언하며, 낙원을 하나님과의 친밀한 교제와 안식의 자리로 묘사했습니다. 낙원은 영원한 완성은 아닙니다. 그것은 부활과 최후 심판을 기다리는 중간 상태로, 장차 새 하늘과 새 땅에서 온전한 몸을 입고 하나님과 영원히 살아갈 날을 기다리는 소망의 정원입니다.

연옥은 주로 가톨릭 전통에서 강조된 교리로, 천국에 들어가기 전에 죄의 불순물을 정화 받는 상태를 의미합니다. 성경에 직접적으로 등장하지는 않지만, 외경(마카베오하 12:38-45)과 교부들의 전통 해석 속에서 발전했고, 중세 교회는 이를 교리화하여 완전히 거룩하지 못한 영혼도 연옥에서 정화 과정을 거쳐 결국 천국에 들어간다고 가르쳤습니다. (면죄부 판매를 정당화하는 토대가 되어 구원을 거래의 대상으로 왜곡함.) 그러나 기독교와 정교회는 연옥을 인정하지 않습니다. 죽음 직후의 구원은 오직 그리스도의 은혜에 의해 확정되는 선물이며, 별도의 정화의 과정이 필요하다는 개념은 예수님의 구속 사역을 불완전하게 만든 결과를 초래합니다. 이는 성경적 구원에 근거가 없는 인간적인 행위적 요소를 끼어 넣은 것입니다.

천국은 부활 이후 완전하게 누리는 영원한 나라입니다. 성경은 천국을 하나님의 임재와 영광이 충만한 곳으로, 예수 그리스도를 믿는 자들이 하나님과 함께 영원히 거하는 곳이라고 말씀합니다. 그곳에는 사망도 없고, 애통과 곡하는 것과 아픔이 다시 있지 않으며, 모든 것이 새롭게 됩니다(요한복음 14:2-3; 요한계시록 21:4). 천국은 하나님의 보좌에서 흘러나오는 수정같이 맑은 생명수 강이 흐르고, 길과 성문이 보석과 진주로 장식되어 영원히 아름답게 빛나는 완전한 하나님의 나라입니다(요한계시록 21:21, 22:1).

지옥은 하나님의 임재와 은혜가 완전히 단절된 곳으로, 하나님의 구원을 거부한 자들이 마귀와 그 사자들과 함께 영원한 형벌을 받는 실재적 장소입니다. 그곳은 꺼지지 않는 불과 죽지 않는 구더기가 있는 끝없는 고통의 장소이며, 바깥 어두운 데서 슬픔과 절망 속에 이를 갈며, 마귀와 그 사자들을 위하여 예비된 영원한 불못으로 고통의 장소입니다(마태복음 8:12, 25:41; 마가복음 9:48). 이는 단순한 비유가 아닌, 하나님의 공의로운 심판이 영원히 시행되는 최종적인 처소입니다.

천사는 하나님께서 창조하신 거룩한 영적 존재로, 하나님의 뜻을 전하는 사자입니다. 그들은 구원받을 자들을 섬기고 하나님의 영광을 영원히 높이며 찬양합니다(히브리서 1:14; 마태복음 18:10). 그들은 때로 하나님의 심부름꾼이 되어 위로와 구원의 소식을 전하며 악과 싸우는 영적 전사로 활동합니다(누가복음 2:10-11; 요한계시록 12:7).

마귀(사탄)는 본래 빛의 천사였으나 교만으로 하나님께 반역하여 타락했고, 지금도 거짓과 유혹으로 사람을 죄와 멸망으로 유혹하고 이끌어 갑니다(이사야 14:12-15; 요한복음 8:44). 그러나 주님은 십자가와 부활로 이미 마귀의 권세를 깨뜨리셨고, 성도들에게 그 이름으로 마귀를 물리칠 권세를 주셨습니다(히브리서 2:14; 누가복음 10:19). 마지막 날, 마귀와 악한 자들은 불못에 던져져 영원히 멸망할 것이며 하나님의 의와 평강만이 온전히 남게 됩니다(요한계시록 20:10).

그러므로 우리는 오늘, 주님의 부르심 앞에 서서 믿음으로 영원한 천국의 영광을 바라보며, 멸망으로 가는 넓은 길을 떠나 오직 생명으로 인도하는 좁은 길을 선택해야 합니다. 모든 악을 버리고 거룩함과 순결함으로 주님과 동행하는 길을 끝까지 걸어가야 합니다(마태복음 7:13-14).

기독교와 타 종교의 구원관

기독교는 인간과 세상의 시작이 하나님의 뜻과 손길 안에 있음을 믿는 신앙입니다. 하나님은 만물의 창조주이시며, 역사를 주관하시고 생명의 근원이 되시는 절대자이십니다. 시간과 공간을 초월하신 하나님은 지금도 세상을 사랑으로 다스리시며, 우리 한 사람 한 사람의 삶에 깊이 개입하시고 함께하시는 살아 계신 하나님이십니다(창세기 1:1; 사도행전 17:24-25). 반면, 타 종교는 창조주 하나님을 섬기기보다 자연(폭풍, 번개, 바다, 동물, 바위), 인간, 조상 등 피조물에 신적 의미를 부여하거나 숭배의 대상으로 삼는 경향이 있습니다.

그들은 우주 안에 내재한 영적 질서와 신비를 통해 신성을 탐구하려 하지만, 결국 창조주 하나님이 아닌 피조물에 머무르게 됩니다. 성경은 분명히 증언합니다. 창조 세계 안에는 하나님 외에 다른 참된 신은 존재하지 않습니다. 그러나 인간은 때로 거대한 힘을 형상화하여 두려움 속에 경배의 대상으로 삼아 왔습니다. 그 배후에는 그러한 두려움을 이용해 사람들을 미혹하려는 악한 영들의 역사가 있습니다(고린도전서 10:20).

그러므로 이방 신은 실제로 존재하는 신이 아니라, 사단이 인간을 속이기 위해 꾸며낸 헛된 허상에 불과합니다. 악한 영들이 미혹하려 하지만 그 권세는 제한적이며 허상일 뿐입니다. 하나님은 그보다 크신 주권자이시며, 우리 안에 함께하시고 지키시는 전능하신

분이십니다(요한일서 4:4).

기독교는 오직 하나님과의 인격적 관계 속에서만 존재의 본질과 참된 가치를 발견할 수 있다고 가르칩니다. 창조주 하나님만을 예배하며, 피조물은 경배의 대상이 아닌 하나님의 아름다운 작품이라고 여깁니다. 이 세상의 모든 경이로움조차 하나님의 손길을 비추는 그림자일 뿐입니다.

무엇보다 기독교는 하나님께서 먼저 우리를 찾아오신 은혜의 종교입니다. 모든 것이 하나님의 은혜 안에서 시작되고 은혜 안에서 완성됩니다. 반면, 타 종교는 인간이 자신의 지혜와 수련, 도덕적 노력과 깨달음을 통해 스스로 위로 올라가려 하지만, 죄와 연약함이라는 인간의 본질적 한계로 인해 완전한 구원과 진리에 이를 수 없습니다.

기독교 신앙의 중심에는 "그가 먼저 우리를 사랑하셨음이라"(요한1서 4:19)라는 은혜의 선포가 있습니다. 이 사랑은 죄로 인해 무너진 인간의 한계를 넘어서는 구원의 길이며, 그 길 위에서 우리는 참된 자유와 영원한 생명의 충만함을 누리게 됩니다. 결국, 기독교는 하나님께로 돌아가는 은혜의 여정입니다. 그 여정의 끝에는 우리를 조건 없이 사랑하시고, 변함없는 마음으로 기다리시는 아버지 하나님의 따뜻하고 영원한 품이 있습니다. 우리는 그 품 안에서 은혜와 사랑의 빛 속에 영원히 거하게 됩니다.

종교다원주의와 기독교 진리

오늘날 우리는 다양한 문화와 종교가 공존하는 다원주의 사회에 살고 있습니다. 이러한 흐름 속에서 종교다원주의(Religious Pluralism)는 모든 종교가 본질적으로 동일한 진리를 향해 나아가는 길이라 주장하며, 특정 종교만이 절대 진리를 말하는 것을 시대착오적이라고 여깁니다. 예수님만이 아니라, 민족종교, 불교, 유교, 이슬람, 신흥종교 등 여러 다른 종교들을 통해서도 구원을 받을 수 있다는 것입니다. 하나님을 다신(多神) 중의 한 신으로 인정하라는 것입니다.

그러나 기독교는 예수 그리스도만이 인류를 죄에서 구원할 수 있는 유일한 길임을 분명히 선포합니다. 예수님은 “내가 곧 길이요 진리요 생명이니 나로 말미암지 않고는 아버지께로 올 자가 없느니라”(요한복음 14:5)고 말씀하셨습니다. 이 선언은 그 어떤 대체 가능한 진리도 없으며, 하나님께 이르는 유일한 길이 오직 예수 그리스도임을 천명하는 것입니다.

종교다원주의는 외형상 관용과 포용처럼 보일 수 있으나, 실제로는 예수 그리스도의 유일성과 복음의 본질을 부정하는 심각한 도전입니다. 그것은 성경의 절대적 권위를 상대화하고, 진리를 다수의 의견과 문화적 다양성 속에 녹여내려는 시도입니다. 그러나 진리는 인간의 생각이나 시대의 분위기에 따라 변화하는 개념이 아닙니다. 진리는 한 분 예수 그리스도 안에 계시되었으며, 그 진리는 결코 흔들리지 않습니다.

그럼에도 기독교인은 이 다원주의 시대에 진리에 대한 확신과 이웃에 대한 존중을 함께 품은 사람이어야 합니다. 성경은 "오직 사랑 안에서 참된 것을 하여"(에베소서 4:15)라고 말씀합니다. 우리는 세상에서 진리를 타협하지 않으며 예수 그리스도를 통한 유일한 구원의 길을 굳게 붙잡고, 사랑과 진실함으로 살아내야 합니다. 언제나 태도는 인격적이어야 하고 하나님의 풍성한 은혜와 사랑이 담겨 있어야 합니다.

세상은 수많은 길을 이야기하지만, 우리는 단 하나의 길을 따라 갑니다. 그 길 끝에는 진리가 있고, 그 진리 안에는 영원한 생명이 있습니다. 그 이름은 예수 그리스도입니다. 예수님은 어제도 오늘도 영원토록 동일하신 하나님의 아들이시며, 세상의 유일한 구원자요, 인류의 참된 소망이십니다.

이단과 사이비의 구분과 대표 단체들

이단(異端)과 사이비(似而非)는 모두 정통 기독교에서 벗어난 잘못된 신앙 형태이지만, 그 성격과 위험 요소는 다릅니다. 이단은 성경을 부분적으로 인정하면서, 핵심 교리인 삼위일체, 예수 그리스도의 신성과 인성, 구원론, 종말론 등을 왜곡하는 집단입니다. 겉으로는 정통 기독교와 비슷해 보이지만, 내용적으로는 복음을 변질시키며 성도들의 신앙을 혼란에 빠뜨립니다. 이단은 교리적 오류가 중심이기 때문에, 성경에 대한 바른 지식과 신학적 분별력이 없을 경우 쉽게 미혹될 수 있습니다.

사이비는 겉모습은 종교의 형태를 띠고 있으나 진리를 가장해 사람을 속이고 지배하려는 거짓 종교입니다. 대부분 교주를 신격화하고 절대복종을 강요하며 신도들의 재산을 빼앗거나 삶을 철저히 통제합니다. 이로 인해 개인의 인격과 자유가 파괴되고 가정과 사회에 큰 피해를 끼칩니다. 경우에 따라서는 범죄 집단처럼 행동하기도 합니다.

결국 이단은 잘못된 교리로 영적 혼란을 일으키고, 사이비는 기만과 통제로 사회적, 윤리적 일탈로 사람들의 삶을 무너뜨리는 점에서 모두 심각한 문제를 안고 있습니다. 실제 현상에서는 두 영역이 서로 겹쳐 구분이 쉽지 않습니다. 따라서 성도는 성경에 기초한 분별력과 건강한 신앙 공동체 안에서의 바른 가르침을 통해 이들의 미혹을 경계해야 합니다.

미국의 이단과 사이비 대표 단체들

19세기 미국은 거대한 영적 각성의 시대였습니다. 교회마다 부흥 집회가 열리고, 수많은 사람들이 예배당과 광장에 모여 뜨겁게 기도하며 회개했습니다. 사람들은 단순히 교회에 다니는 신앙을 넘어서 하나님 앞에서 거듭난 삶을 살기를 갈망했습니다. 그래서 이 시기의 부흥을 가리켜 제2차 대각성 운동이라고 부릅니다. 이 불길 같은 부흥은 개인의 영혼을 살리는 데 그치지 않고, 사회 전체를 바꾸는 힘이 되었습니다. 노예 해방의 함성이 울려 퍼졌고, 술로 무너지는 가정을 지키려는 금주 운동이 일어났으며, 여성의 존엄과 권리를 세우려는 움직임도 퍼져 나갔습니다. 믿음은 교회 안에만 머문 것이 아니라 세상 속에서 빛과 소금이 되어 사회를 변화시켰습니다.

그러나 동시에, 종말에 대한 열망이 지나치게 커지면서 성경을 잘못 해석하고, 예수님의 재림 날짜를 계산하거나 새로운 계시를 주장하는 무리들도 나타났습니다. 이 속에서 몰몬교, 안식교, 여호와의 증인 같은 새로운 이단들이 생겨났습니다.

몰몬교(조셉 스미스, 1805-1844)

예수그리스도후기성도교회(몰몬교)는 1830년 미국 뉴욕 팔미라 인근에서 요셉 스미스 2세와 몇몇 동료에 의해 시작되었습니다. 스미스는 환상을 보았다고 주장하며 황금판을 번역한 몰몬경을 출판하였으나, 그 진실성은 역사적, 신학적으로 심각한 의혹과 문제점이 있습니다. 이들은 일부다처제(조셉 스미스는 공식적으로 아내가 33-40명까지 언급되고 있음)를 옹호하고 예수님도 다처(근본주의 몰몬파)였다고 주장하며, 왜곡된 성윤리를 합리화하였습니다. 독신자는 천국에 갈 수 없다고 가르치는 등 성경과 배치되는 교리를 전파합니다. 또한 과거에는 흑인을 저주받은 자손으로 규정하여 구원의 대상에서 제외하는 인종차별적 가르침을 퍼뜨렸습니다.

몰몬교는 성경 외 경전을 가지고 있으며, 삼위일체를 부정하고, 인간도 신이 될 수 있으며, 예수님과 사탄은 하나님의 영의 아들로서 형제라고 가르칩니다. 조셉 스미스는 몰몬교를 만들고 14년 만에 수감 중, 38세 때 감옥에서 무장 군중의 습격으로 총격을 받아 사망했습니다. 이들은 예수 그리스도의 신성과 복음을 왜곡하고, 인간적 계시와 왜곡된 교리로 성경의 권위를 대체하는 이단입니다. 현재 선교사(미국에서 온 청년들)들이 대학가에서 무료 영어회화, 원어민과 함께하는 영어 수업을 홍보하는 것은 전도 전략이며, 실제 목적은 영어 교육이 아니라 교리 전파와 신도 확보입니다.

제칠일안식일예수재림교회(윌리엄 밀러, 1782-1849)

제칠일안식일예수재림교회는 줄여서 안식교라고 부르며, 하나님의교회는 안상홍이 이 교회의 교리에 영향을 받아 만든 단체입니다. 윌리엄 밀러는 1844년 10월 22일 예수님의 재림을 예언했으나 성취되지 않았습니다. 밀러의 실패한 재림운동 이후 남은 추종자들이 모여 1863년에 세웠습니다. 안식교는 레위기 11장에 근거하여 부정한 음식 섭취를 금하고, 영혼 불멸과 영원한 지옥을 부정하며 악인은 최종적으로 소멸한다고 믿습니다.

또한 사후 영혼의 존재를 부인하고, 구약의 율법적 규례를 엄격히 지키는 율법주의적 특징을 가지고 있습니다. 밀러는 67세에 시력을 거의 상실하였고, 1844년 예언이 실패한 이후 조용히 운둔하며 생을 마감했습니다. 우리나라에는 삼육대학, 삼육(초·중·고·대)학교, 삼육식품, SDA 영어학원 등을 통해 제칠일안식일예수재림교회의 교리가 교육과 생활 속에 은연중에 전파되고 있습니다. 이들은 토요일이 성경이 말하는 참된 안식일이라고 믿으며, 토요일에 예배를 드립니다.

여호와의 증인(찰스 러셀, 1852-1916)

여호와의 증인은 1870년 미국에서 찰스 테이즈 러셀의 성경 연구 모임으로 시작된 집단으로, 영혼 불멸과 영원한 지옥 형벌을 부정하며, 최후에 여호와의 증인만 지상 왕국에서 산다는 독특한 구원관을 주장합니다. 세속 정부와 철저히 분리되며 국기에 대한 경례와 군 복무를 거부하고, 아마겟돈 전쟁이 끝난 뒤 하나님의 왕국이 세워질 것이라고 가르칩니다. 러셀은 64세의 나이로 여행 중 방광 질환 합병증으로 사망했습니다.

그들은 1874년을 예수님이 눈에 보이지 않게 재림하신 해로 해석하였으나, 이후에도 여러 차례 종말의 시기를 잘못 예언하며 신뢰를 잃게 되었습니다. 여호와의 증인이라는 이름은 러셀 사후, 1931년 리더퍼드가 오하이오주 콜럼버스 대회에서 공식적으로 채택했습니다. 여호와의 증인은 교리상 피 섭취를 금지한다는 이유로 의료 수혈을 거부하며, 회중별로 구역을 나누어 호별 방문, 성서연구 등 전도 활동을 체계적으로 수행합니다. 왕국회관이라 불리는 집회 장소에서 침례와 집회를 열고 신도들에게 높은 도덕률과 엄격한 종교 활동을 요구합니다. 공식 간행물로 「파수대」, 「깨어라」 잡지를 전도의 도구로 사용하고 있습니다.

대한민국 이단과 사이비 대표 단체들

우리나라 이단의 뿌리는 일제강점기(1920년대 초) 이순화(순천교, 보혜사로 자처함), 남방여왕(종말론적 재림 메시야)과 함께 백남주(성주교)로부터 시작됩니다. 백남주는 직통계시를 주장하며 자신을 재림주라 칭하고, 구원의 완성이 한국에서 이루어진다고 가르쳤습니다. 그의 제자 김백문(이스라엘 수도원)은 이러한 사상을 이어 독자적 교리를 세웠고, 이는 곧 문선명(통일교)으로 연결되며 다시 정명석(JMS)에게로 이어졌습니다. 또 다른 계보에서는 박태선(전도관, 천부교)이 나타나 유재열(장막성전)과 그의 제자 이만희(신천지)로 발전했습니다. 또한 최태민(영생교)은 딸 최순실과 연결되어 정치, 사회적으로 파장을 남겼고, 구원파 권신찬(유병언) 계열은 세월호 사건을 통해 그 실체가 드러났습니다. 이 외에도 이장림(다미선교회), 박옥수(기쁜소식선교회), 안상홍(하나님의교회) 등 여러 이단이 등장하여 한국 교회와 사회에 심각한 혼란을 주고 있습니다.

통일교(문선명, 1920-2012, 평안북도 정주군 덕언면)

통일교는 문선명이 1954년 세계기독교통일신령협회(현, 세계평화통일가정연합, 가정교회)를 세우며 시작된 단체로, 그 당시 이단인 김백문 등의 영향을 받아 혈통복귀(타락한 인류의 혈통이 교주를 통해 새로운 혈통으로 바뀐다는 주장)와 피가름(교주와 여성 신도의 성관계를 통해 사탄의 혈통을 끊고 새로운 혈통을 잇는다는 주장) 교리로 논란이 되어 왔습니다. (통일교의 교리서인 원리강론은 김백문의 원리원본을 재편집하여 제자 유효원, 황규옥이 독자적 체계로 만든 것임) 문선명은 자신이 예수님께서 이루지 못한 사명을 완성할 재림주라고 주장했습니다. 그는 여러 명의 부인과 많은 자녀(한학자에게서 14명의 자녀)를 두었으며, 합동결혼식과 결혼 알선을 통해 막대한 헌금과 입회비를 요구합니다. 기독교를 모체로 삼았지만 한국의 토착 무속신앙과 유교적 전통을 결합하여 독자적인 교리를 형성하였고, 황제 복식과 갈은 의복을 착용하여 자칭 재림주로서 권위를 드러냈습니다.

2012년 문선명이 사망한 뒤, 그의 부인 한학자가 자신을 '하나님의 독생녀'로 선포하며 2대 교주의 자리에 올랐고(1950년, 한국전쟁에 유엔 16개국이 참전한 것은 자신 '독생녀'를 보호하기 온 것으로 해석하고 가르침), 이후 교단은 아들들을 중심으로 여러 분파로 갈라져 있습니다.

통일교는 언론(세계일보), 기업(일화, 평화자동차, 자동차 부품 산업), 관광(용평리조트, 여수 디오션리조트), 교육기관(선화예술중·고, 선문대 등)을 통해 세력을 확장했으며, 교육 기관과 합동결혼식을 통해 2세와 3세를 세뇌하고, 조직 결속과 교세 확대를 이루어 가고 있습니다.

특히 한국과 일본, 미국 등 세계 각국에서 정치적, 경제적 로비를 펼치며 국제적 영향력을 넓히고 있지만 그 본질은 교주 권력 유지와 자금 확보를 위한 구조입니다. 겉으로는 참가정 운동과 평화를 내세우지만 수많은 가정 파탄과 경제적 피해, 인권 침해를 낳은 대표적인 이단입니다.

구원파(권신찬 계열, 박옥수 계열, 이요한 계열)

구원파는 1960년대 후반부터 한국에서 발생한 사이비 종교 집단으로, 이들은 예수 그리스도를 믿는 순간 모든 죄가 영원히 사해진다고 주장하며, 이후 어떤 죄를 지어도 구원이 취소되지 않는다고 가르칩니다. 이 교리는 회개와 성화를 배제하여 한 번 구원은 영원한 구원이라는 왜곡된 구원론을 조장합니다. 권신찬(1923-1995, 기독교복음침례회) 계열은 사위 유병언(1941-2014)과 이요한(1932-1989, 대한예수교침례회 구원회) 계열로 이어졌고, 유병언은 세월호 사건으로 사회적 파탄을 드러냈습니다. 박옥수(1944- , 기쁜소식선교회) 계열은 IYF(국제청소년연합) 활동으로 외형을 확장했으나 동일한 이단 교리를 유지합니다. 결국 구원파는 복음을 단순한 확신 체험으로 축소시켜 성경의 진리를 왜곡하고 있습니다.

하나님의교회(안상홍, 1918-1985, 전북특별자치도 장수군 계남면)

안상홍은 1947년 제칠일안식일예수재림교회에 입교했으며, 1950년대 안식교 일부 목회자들의 잘못된 재림 날짜 예언에 동의하지 않고 자신만의 해석을 주장하다가 1964년경 23명의 추종자와 함께 하나님의교회 예수증인회를 설립했습니다. 그는 다윗의 재위 40년을 근거로 예수님의 공생애 3년을 제외한 나머지 37년을 자신이 채워 재림의 예언이 성취되었다고 주장했습니다. 그러나 1985년 부산의 한 음식점에서 점심 식사 도중 뇌출혈로 갑작스럽게 67세에 사망했고, 유언도 남기지 못했습니다. 이후 교단은 분열되었으며, 당시 집사였던 장길자(남편 김재훈과 이혼)가 자신을 '어머니 하나님'(현, 하나님의교회 세계복음선교협회)이라 주장하며 2대 교주로 활동을 하고 있습니다. 이 단체는 안식일과 유월절을 비롯한 구약의 절기를 반드시 지켜야만 구원을 받을 수 있다고 주장합니다. 또한 토요일에 예배를 드리며, 오직 자신들의 단체에 속한 사람들만 생명책에 이름이 기록되어 있어 구원을 받을 수 있다고 가르치는 이단입니다.

성락교회(김기동, 1938-2022, 충남 서산군)

성락교회는 1969년 김기동 목사에 의해 세워졌으며, 그는 성령내주 교리를 부정하고 구원받은 성도 속에도 귀신이 들어올 수 있다고 주장했습니다. 그는 모든 문제의 근원을 귀신 탓으로 돌리며, 복음과 성화보다 귀신 축출을 신앙의 중심에 두었습니다. 이러한 베뢰아 귀신론을 절대화하면서 귀신론 중심의 신앙구조로 성경 전체를 왜곡하고 성도의 구원 확신과 영적 안전을 흔드는 심각한 교리적 오류가 이어졌습니다. 결국 김기동 목사는 재정 비리와 성폭행 및 도덕성 문제까지 드러내며 신뢰를 잃었고, 성락교회는 그의 사망 이후 리더십 부재로 개혁 측과 비개혁 측으로 분열되어 갈등이 지속되고 있습니다.

JMS(정명석, 1945- , 충남 금산군 진산면)

정명석은 통일교에서 활동하며 탈퇴한 뒤, 통일교의 교리를 바탕으로 1980년에 JMS(기독교복음선교회)를 설립하고 충남 금산 월명동에 본부를 세웠습니다. 그는 여성 신도들을 하늘 신부라고 칭하며 성적 결합이 구원의 길이라 세뇌하고, 여성 그룹을 계층(월성,

상록수, 민들레) 별로 나누어 성적 착취 구조를 만들었습니다. 모델 학원과 문화활동을 위장해 여성들을 유인했고, 지속적으로 성범죄를 저질렀습니다. 2007년 해외 도피 끝에 체포되어 징역형을 살고 2018년 출소했지만, 다시 성폭행을 반복했습니다. 2023년 대법원에서 징역 23년과 전자발찌 부착, 취업 제한이 확정되었으며, 피해자들은 우울증, 사회적 고립, 극단적 선택 등 심각한 후유증을 겪고 있습니다.

만민중앙교회(이재록, 1943-2023, 전라남도 무안군 해제면)

만민중앙교회는 1982년 서울 구로구에서 이재록이 시작한 교회로, 초기에는 치유 집회와 기도회를 앞세워 신도들을 모았습니다. 시간이 지나면서 그는 자신을 하나님의 특별한 대리자처럼 높이며, 원죄도 자범죄도 없는 깨끗한 피를 가졌기에 죽음도 피해간다는 말을 했습니다. 1999년에는 MBC 방송사의 비리 보도(미국 원정도박, 불법 건축 및 대출, 성추문)를 막기 위해 신도 수천 명이 방송국을 점거하는 사건이 발생해 사회적 충격을 주었습니다. 2018년 여신도 성폭행 사건으로 징역 16년형을 선고받았고, 2023년 대장암 말기 진단을 받아 형 집행 정지로 석방되어 투병 중 사망했습니다.

신천지(이만희, 1931- , 경상북도 청도군 풍각면)

신천지예수교 증거장막성전은 1984년 이만희가 전도관과 장막성전에서의 경험을 바탕으로 세운 단체로, 자신을 보혜사이자 약속의 목자라 주장하며 예수 그리스도 대신 구원의 길을 자신에게 두고 있습니다. 처음에는 요한계시록의 14만 4천 명만이 구원받는다고 가르쳤으나, 신도 수가 넘어서자 교리를 바꾸며 모순을 드러냈습니다. 또한 문화센터와 봉사활동, 학교 등을 위장하여 포교하며, 교육 과정에서는 가족과의 관계 단절, 이혼, 재산 헌납을 강요해 수많은 가정이 파괴되었습니다.

이만희는 자신을 '보혜사'이자 '이긴 자'로 포장하고, 육체가 죽지 않는 영생불사의 존재임을 주장하며, 성경 해석의 유일한 권위자로 군림합니다. 그의 법적 배우자는 김순자 씨로 알려져 있으나, 신천지 내에서 그는 김남희 씨와 해와 달이라는 이름의 영적 혼인 잔치를 치른 바 있습니다. 김남희(2인자) 씨는 과거 신천지의 핵심 인물로 재정과 홍보를 담당하며 활동하다 탈퇴한 뒤, 자신이 약 12년간 이만희와 사실혼 관계였으며 내연녀로 함께 생활했다고 폭로하였습니다. 신천지는 성경을 왜곡하고 교주를 우상화하며, 재정 비리와 성적 문란, 가정 파괴라는 파괴적 결과를 낳은 명백한 이단입니다.

결론적으로 기독교 2천 년의 역사 속에서 구원은 언제나 예수 그리스도의 십자가와 부활 위에 세워져 왔습니다. 만약 특정 이단 교주들을 통해서만 구원이 가능하다고 주장한다면, 그것은 그 교주가 등장하기 이전 초대교회 때부터 오직 예수님만이 구원의 길임을 믿고 그 신앙을 지키기 위해 순교의 피를 흘린 수많은 성도들의 믿음을 부정하는 것입니다. 또한 구원이 특정 시대나 지역에만 제한된다는 생각은 성경이 증언하는 보편적이고 영원한 구원의 진리를 정면으로 부정하는 것입니다. 따라서 이단들의 주장은 단순한 신학적 오류가 아니라 구원의 역사를 역행하고 십자가의 은혜를 모독하는 심각한 배교입니다. 구원은 모든 민족과 세대를 향해 열려 있으며 오직 예수 그리스도를 믿는 믿음을 통해서만 주어집니다.

행복한 삶과 죽음

행복한 삶은
하나님의 숨결 속에서
그 사랑 안에 거할 때,
잔잔한 호수처럼 평화롭고,
기쁨은 새벽이슬처럼 맑아집니다.

하나님의 손길은
항상 곁에 머무시고,
사랑으로 안아주시며,
용서로 채워진 마음은
영혼을 따뜻한 빛으로 물들입니다.

하나님 안에서의
모든 여정은
은혜의 선율이 되어 흐르고,
삶과 죽음은 둘이 아니며,
영원한 사랑 안에서 아름답게 완성됩니다.

– 김호진 –

참고문헌

국내 서적

곽혜원, 《존엄한 삶, 존엄한 죽음》 서울: 새물결플러스, 2014.

고병철 외 4인, 《고등학교 종교학》 서울: 한국교과서연구재단, 2024.

금장태 외 다수, 《고등학교 전통 윤리》 서울: 서울대학교 사범대학 국정 도서편찬위원회, 2010.

김균진, 《죽음의 신학》 서울: 대한기독교서회, 2002.

김명용, 《죽음 이후에는 어떻게 될까?》 서울: 온신학아카데미, 2024.

김세윤, 《구원이란 무엇인가》 서울: 두란노서원, 2011.

김세윤, 《예수와 바울》 서울: 두란노, 2001.

김승혜 외, 《죽음이란 무엇인가》 서울: 도서출판 창, 2001.

김영진, 《구약성서 읽기》 서울: 이레서원, 2006.

김열규 외, 《한국인의 죽음과 삶》 서울: 철학과 현실사, 2001.

김호진, 《사도신경-행복한 믿음의 고백》 서울: 쿰란출판사, 2024.

김호진, 《십계명-행복으로 가는 길》 서울: 쿰란출판사, 2018.

남충현, 이규민, 《죽음 교양 수업》 서울: 홍성사, 2020.

박병기 외 5인, 《고등학교 윤리문제 탐구》 서울: 베르스쿨, 2024.

서경보, 《종교란 무엇인가》 서울: 분도출판사, 1999.

서혜경, 《노인 죽음학 개론》 서울: 경춘사, 2009.

손영찬 외 4인, 《고등학교 사회·문화》 서울: 미래엔, 2023.

송길원, 《죽음의 탄생》 경기: 하이패밀리, 2021.

양종인 치릴로 신부, 《죽음을 넘어서는 희망》 서울: 독서일가, 2021.

안광복 외 7인, 《고등학교 인간과 철학》 서울: 천재교육, 2025.

안병욱, 《인생사전》 경기: 예원북하우스, 2013.

윤영돈 외 4인, 《고등학교 윤리와 사상》 서울: 천재교육, 2024.

이용원, 《무엇을 믿을까요?》 서울: 한국장로교출판사, 2004.

이옥순 외, 《아시아의 죽음 문화》 서울: 소나무, 2010.

이이정, 《죽음학 총론》 서울: 학지사, 2011.

임덕준 외, 《고등학교 현대사회와 윤리》 서울: 해냄에듀, 2025.

종교교육위원회, 《현대인과 기독교》 서울: 연세대학교출판부, 1991.

정재승, 《열두 발자국》 서울: 어크로스, 2018.

진교훈 외 다수, 《고등학교 윤리와 사상》 서울: 서울대학교 사범대학 국정도서편찬위원회, 2010.

차동엽, 《잊혀진 질문》 경기: 이즈앤비즈, 2024.

차옥숭, 《한국인의 종교경험(무교, 증산교, 원불교, 천도교, 대종교)》 서울: 서광사, 1997.

최정만, 《비교종교학 개론》 서울: 이레서원, 2002.

최준식, 《죽음학 개론》 서울: 모시는 사람들, 2014.

총회한국교회연구원, 《목회매뉴얼(죽음목회)》 서울: 한국장로교출판사, 2018.

한국기독교학교연합회, 《고등학교 삶과 종교》 서울: 두란노서원, 2025.

한국종교학회 편, 《죽음이란 무엇인가》 서울: 도서출판, 2000.

황명환, 《죽음 인문학》 서울: 두란노서원, 2019.

원광대학교 출판국, 《종교와 원불교》 전북: 원불교학교재연구회, 2003.

번역 서적

Bowker, John. 《세계종교로 보는 죽음의 의미》(박규태, 유기쁨 역) 경기: 도서출판 청년사, 2005.

Dembski, William A. 《기독교를 위한 변론》(박찬호 역) 서울: 새물결플러스, 2016.

Driscoll, Mark, Gerry Breshears. 《기독교 교리》(이용중 역) 서울: 부흥과 개혁사, 2012.

Grudem, Wayne. 《성경 핵심 교리》(김광열, 곽채근 역) 서울: 기독교문서선교회, 2010.

Halter, Hans. 《죽음이 물었다, 어떻게 살 거냐고》(한윤진 역) 서울: 포레스트, 2024.

Kübler-Ross, Elisabeth. 《생의 수레바퀴》(강대은 역) 서울: 황금부엉이,

2012.

Kübler-Ross, Elisabeth. 《인생 수업》(류시화 역) 경기: 이레서원, 2006.

Küng, Hans. 《그리스도교, 본질과 역사》(이종한 역) 서울: 분도출판사, 2019.

MacArthur, John. 《구원이란 무엇인가》(송용자 역) 서울: 부흥과개혁사, 2008.

Migliore, Daniel L. 《기독교 조직신학 개론》(장경철 역) 서울: 한국장로교출판사, 2011.

Theissen, Gerd. 《역사적 예수》(손성현 역) 서울: 다산글방, 2010.

저자 김호진

김호진 목사는 연세대학교 대학원을 졸업하고
미국 풀러신학대학원에서 목회학 박사 학위를 받았습니다.
현재 전주기전여자고등학교 교목과
행복한사람들의교회 담임목사로 섬기고 있습니다.
믿음의 다음 세대를 세우고자 하는 꿈과 비전을 가지고
행복한 미래에 살고 있는 사역자입니다.

저서

《행복한 동행》(2013), 《행복한 만남》(2014)
《십계명_행복으로 가는 길》(2015), 《행복한 정원》(2016)
《사도신경_행복한 믿음의 고백》(2018)
《주기도문_행복한 사람들의 기도》(2019)
《팔복_행복한 사람들의 삶》(2022)
《죽음과 기독교_행복한 삶과 죽음》(2025)

행복한 삶과 죽음
죽음과 기독교

1판 1쇄 인쇄 _ 2026년 1월 21일
1판 1쇄 발행 _ 2026년 1월 31일

지은이 _ 김호진
펴낸이 _ 이형규
펴낸곳 _ 쿰란출판사

주소 _ 서울특별시 종로구 이화장길 6
편집부 _ 745-1007, 745-1301~2, 747-1212, 743-1300
영업부 _ 747-1004, FAX 745-8490
본사평생전화번호 _ 0502-756-1004
홈페이지 _ http://www.qumran.co.kr
E-mail _ qrbooks@daum.net / qrbooks@gmail.com
한글인터넷주소 _ 쿰란, 쿰란출판사
페이스북 _ www.facebook.com/qumranpeople
인스타그램 _ www.instagram.com/qrbooks
등록 _ 제1-670호(1988.2.27)
책임교열 _ 김유미 · 김준표

 ISBN 979-11-24013-08-3 09230